Wilhelm Möhring

Julius Cäsar im nordöstlichen Gallien und am Rhein

Wilhelm Möhring

Julius Cäsar im nordöstlichen Gallien und am Rhein

ISBN/EAN: 9783743666269

Hergestellt in Europa, USA, Kanada, Australien, Japan

Cover: Foto ©ninafisch / pixelio.de

Weitere Bücher finden Sie auf **www.hansebooks.com**

Cäsar

im nordöstlichen Gallien und am Rhein.

Von

W. Möhring,
Oberlehrer am Königlichen Gymnasium zu Kreuznach.

Wenige Werke des Alterthums sind bis auf unsere Tage hin so sehr Gegenstand vielseitiger und gründlicher Bearbeitung und Durchforschung gewesen, als Cäsar's Commentarien. Wenn die Reinheit und Schönheit seiner Sprache, die wunderbare Klarheit der Darstellung sie dem Philologen werth machen, wenn der bunte Wechsel und die Großartigkeit der erzählten Ereignisse sie schon dem jugendlichen Sinne nahe bringen, so findet der denkende Militär in ihnen die Thaten eines der gewaltigsten Feldherrn, noch dazu von ihm selbst erzählt. Er bemüht sich nun, im Einzelnen, wie im Ganzen die leitenden Gedanken und Pläne des großen Geistes aufzufinden. Die Commentarien sind aber auch die älteste und wichtigste Quelle für die französische, deutsche und englische Geschichte und haben so für uns und unsere Nachbarvölker eine große nationale Bedeutung. So erklärt es sich, wie neben vielen andern bedeutenden Männern 2 französische Kaiser nicht nur ihre Mußestunden diesem Buche gewidmet, sondern auch, wie der zweite: derselben, der jetzige Beherrscher Frankreichs, in schöner Weise seine Macht und seine reichen Mittel benutzend, die gründlichsten und vielseitigsten Forschungen über Alles, was in den Commentarien der Erklärung bedarf, hat anstellen lassen. Die Ergebnisse derselben in Verbindung mit dem, was andere, auch deutsche Männer geleistet, sind sehr bedeutend. Die Schauplätze der Thaten Cäsar's, die Punkte, an denen er seine Schlachten geliefert, die Orte, die er mit seinen riesigen Belagerungswerken umspannt, Avaricum, Gergovia, Alesia, Uxellodunum, die Richtungen seiner Märsche sind großentheils mit unbedingter Genauigkeit festgestellt, ja sogar die Wälle und Gräben seiner Lager theilweise aufgedeckt. Dadurch sind die Ereignisse, die vor 1900 Jahren Rom mit Staunen erfüllten, uns so nahe gerückt, daß wir sie gleichsam vor unseren Augen vor sich gehen sehen.

Aber nicht überall hat die Forschung dieses Ziel erreicht oder besser gesagt, erreichen können und zwar gerade in Beziehung auf das, was vom nationalen Standpunkte uns Teutschen das Wichtigste ist, nämlich in Beziehung auf Cäsar's Kämpfe und Züge im nordöstlichen Gallien und am Rhein. Die Ursachen dieser Erscheinung liegen klar genug zu Tage. Die Provinz Gallien, Gallia Celtica und auch der südlichste Theil von Gallia Belgica waren zu Cäsar's Zeit starkbewohnte, wohlangebaute, mit zahlreichen ummauerten Städten geschmückte, von Verkehrswegen durchzogene Länder; die alten Namen von Städten und Landschaften haben sich vielfach bis auf unsere Tage erhalten. Hier können Nachgrabungen, Untersuchungen von Generalstabsoffizieren ꝛc. ꝛc. in den meisten Fällen obwaltende Zweifel beseitigen. Ganz anders war das Alles in dem Lande nordöstlich etwa von der Aisne und Oise bis an den Rhein. Hier saßen deutsche Völker oder celtische, die sich der Abstammung von den Deutschen rühmten und in ihrer Lebensweise ihnen glichen. Hier sind die oppida großentheils nur von Berg, Wald, Sumpf gesicherte Zufluchtsörter. Die Bevölkerung wohnt zerstreut in Weilern oder auf einzelnen Höfen; von Verkehrswegen ist wenig die Rede, destomehr von weitgedehnten Wäldern und Sümpfen. Die Grenzen der einzelnen Völkerschaften lassen sich nur mit annähernder Genauigkeit und oft gar nicht bestimmen. Es mangeln also vielfach die festen Punkte, von denen die Forschung ausgehen kann. Noch schwieriger wird hier Alles durch die eigenthümliche Darstellungsweise Cäsar's. Er schrieb, wie wir wissen, nicht speciell eine Kriegsgeschichte, er schrieb für die ganze römische Bürgerschaft und zu wesentlich politischen Zwecken. Hiernach bestimmte sich für ihn, was er mitzutheilen, was nicht mitzutheilen hatte; deßhalb verschweigt er Vieles, was wir gern wissen möchten. Nur gelegentlich z. B. hören wir von der Effectivstärke seines Heeres, von seinen Verlusten, seinem Verpflegungswesen, von der Richtung und Größe seiner Märsche. Machen sich diese Auslassungen schon in Bezug auf die Kriege im übrigen Gallien fühlbar, so treten sie in Bezug auf jene nördlichen Gegenden und die Kämpfe und Züge in denselben noch bei Weitem mehr hervor. Persönlich hat er diese Laubstriche nur selten besucht; sichere Nachrichten waren hier schwerer zu bekommen. Wir finden deßhalb hier auch in seinen Angaben manche Ungenauigkeiten und manche, wenigstens scheinbare Widersprüche, die für uns schwer oder gar nicht zu lösen sind. Von den Aduatukern z. B. erzählt er uns (Comm. II, 29), sie stammten von den Cimbern und Teutonen ab und seien von denselben vor ihrem Zuge nach Italien zur Bewachung der schweren Beute, „sex milia hominum" im nördlichen Gallien zurückgelassen, also im J. 103 oder 102 v. Ch. Im Jahre 57 stellen sie 19,000 Mann zum belgischen Heere (II. 4); das würde also auf eine Kopfzahl des ganzen Stammes von 80—100,000 schließen lassen. II. 29 strömen sie cunctis oppidis castellisque desertis in unum oppidum egregie natura munitum zusammen. Nach Einnahme der Stadt verkauft Cäsar die ganze Bevölkerung derselben, noch 53,000 Seelen (II. 33), nachdem 4000 ihrer Krieger in einem Ausfalle umgekommen waren. Rechnen wir nun, daß bei den vorhergehenden Kämpfen an der Aisne und bei dem darauffolgenden Rückzuge auch eine Anzahl Waffenfähiger getödtet war (II, 10 und 11), so sollte man glauben, das Volk sei fast ausgerottet worden und doch erscheinen bei jeder späteren Bewegung Nordgallien's die Aduatuker wieder, also schon nach 3, 4 Jahren; nur im siebenten Kriegsjahre werden sie nicht unter dem Aufgebote genannt (VII, 75), das sich zum Entsatze von Alesia sammelte.[1]) Ebenso erscheinen

---

[1]) V, 38 fordert Ambiorix die Nervier und Aduatuker auf, mit ihm Cicero's Lager anzugreifen. Bald darauf (V, 51) erleiden sie durch Cäsar eine Niederlage. Gleich nachher (V, 56) heißt es: ubi intellexit (sc. Caesar) altera ex parte Nervios et Aduaturos bellum parare Romanis, und (VI, 2) quum videret Nervios, Aduatucos, Menapios esse in armis.

nach der Schlacht an der Sambre die Nervier fast ausgerottet[2]) und doch treten sie immer wieder als gefährliche Römerfeinde auf.[3]) Da wir gar keine Ursache haben, in Bezug auf erzählte Thatsachen an Cäsar's Wahrheitsliebe zu zweifeln, so können wir den Grund für die Unsicherheit und das Widersprechende in diesen Angaben nur in der wenig genauen Kenntniß finden, die er von diesen nördlichen Gegenden, dem Umfange der einzelnen Völkerschaften ꝛc. besaß.

Es soll das nur ein weiterer Beleg dafür sein, daß wir hier aus Gebieten, in denen sich die Wahrheit mit annähernder oder gar voller Sicherheit feststellen läßt, in solche treten, wo wir zufrieden sein müssen mit Vermuthungen, die den möglichsten Grad von Wahrscheinlichkeit für sich haben. Gerade hier ist uns aber als Führer unentbehrlich der sachkundige Militär, der über die Richtung der Märsche, über die Brauchbarkeit oder Unbrauchbarkeit eines Terrains als Lagerplatz oder Schlachtfeld vom Standpunkte der militärischen Zweckmäßigkeit, Aufklärung und sichere Anhaltspunkte geben kann. Dem Philologen bleibt dann die Aufgabe zu sehen, ob die in dieser Weise erlangten Ergebnisse mit dem Texte der Commentarien sich vereinigen lassen. Diesen Text werden wir als Grundlage immer festhalten müssen, wo nicht mit überzeugender Sicherheit nachgewiesen wird, daß ein sachlicher Irrthum des Verfassers oder ein Fehler in den Handschriften vorliegt. In diesem Sinne, d. h. in rein militärischen Dingen mir kein Urtheil anmaßend, möchte ich mir erlauben, im Folgenden einige der Ergebnisse zu prüfen, zu denen die bedeutenden Männer,[4]) die in neuester Zeit sich mit den Commentarien beschäftigt haben, gelangt sind und zwar in Bezug auf Aduatuca und die Stadt der Aduatuker, und in Bezug auf Cäsar's beide Rheinübergänge.

1. Die Stadt der Aduatuker und das Kastell Aduatuca.

Nachdem im zweiten Kriegsjahre Cäsar das große belgische Heer genöthigt, seine Stellung an der Aisne zu verlassen und im weiteren Vorrücken fast ohne Widerstand die Suessionen, Bellovaker und Ambianer unterworfen hatte, zog er von der Somme in nordöstlicher Richtung nach der Sambre. Hier, etwa in der Gegend von Maubenge wurde die schwere Schlacht gegen die Nervier geliefert. Nach

---

[2]) II, 28 prope ad internecionem gente ac nomine Nerviorum redacto.
[3]) Außer den ebengeführten Stellen, wo sie neben den Aduatukern erwähnt werden, vergleiche man noch VI, 3: Cäsar unterwirft sie wieder, magno pecoris atque dominum capto numero. VII, 75 stellen sie zum allgemeinen Aufgebot 5000 Mann d. h. vielleicht ein Drittel oder ein Viertel ihrer waffenfähigen Mannschaft.
[4]) Die Werke, welche ich hier besonders im Auge habe, sind: Cäsars gallischer Krieg in den Jahren 58—53 v. Chr. von General von Goeler. Stuttgart 1858. — Des Kaisers Napoleon III. Geschichte Julius Cäsar's. — Cäsar's Feldzüge gegen die germanischen Stämme am Rhein, in den Jahrbüchern des Vereins von Alterthumsfreunden im Rheinlande, Heft 43 (1867), 47, 48 (1869), von A. v. Cohausen, Oberst im Königl. Preuß. Ingenieur-Corps.

Niederwerfung dieses Volkes rückte Cäsar die Sambre hinauf gegen die Abuatuler und ihr oppidum. Wo wir dasselbe aber zu suchen haben, ob an der Sambre oder an der Maas, auf dem rechten oder linken Ufer eines dieser Flüsse oder in einiger Entfernung von ihnen, darüber sagt er Nichts. Als Grundlagen für die Bestimmung seiner Lage finden wir nur folgende Angaben: 1) daß es östlich oder nordöstlich vom Nervierlande lag, 2) daß es „egregie natura munitum" war. Quum ex omnibus in circuitu partibus altissimas rupes despectusque haberet, una ex parte leniter acclivis aditus in latitudinem non amplius ducentorum pedum relinquebatur; dieser Hals war mit einer doppelten Mauer geschützt, 3) daß es gegen 60000 Menschen enthielt, 4) daß Cäsar es vallo in circuitu XV millium crebrisque castellis circummunivit.[5]) Eine große Schwierigkeit liegt noch darin, daß wir die Ausdehnung des Abuatulergebiets nicht kennen; wir erfahren nur, daß sie außer dem obengenannten oppidum noch eine Anzahl oppida und castella besaßen; ferner daß sie im Westen an die Nervier, im Osten an die Eburonen, im Süden an die Condruser und Segner stießen. Wir haben sie also an der unteren Sambre und dem Mittellauf der Maas zu suchen. Die Aufgabe der Forscher ist es nun, in diesem Gebiete sich nach Punkten umzusehen, die den obigen Angaben entsprechen. Herr v. Goeler bezeichnet als solchen den Berg Falhize gegenüber Huy an der Maas, der Kaiser die jetzige Citadelle von Namur in dem Winkel, den Sambre und Maas bei ihrem Zusammenfluß bilden, Herr v. Cohausen dagegen die Höhe von Embourg, Lüttich gegenüber am Zusammenfluß der Ourte und Vesdre. Was den Berg Falhize betrifft,[6]) so entspricht er in mehreren Beziehungen den Anforderungen. Sein Plateau bietet genügenden Raum für eine zahlreiche, dahin geflüchtete Menschenmasse; er besitzt östlich den schmalen Hals, der ihn mit daranstoßenden Höhen verbindet und auf dem man Reste von Mauern und Spuren von Gräben findet; die römische Umwallung kann einen Raum von 15000 Passus = 3 deutschen Meilen umfaßt haben. Herr v. Cohausen wendet gegen die Wahl desselben zunächst ein, daß das „leniter acclive" d. h. die sanfte Ansteigung des Berghalses nach dem oppidum hin nicht vorhanden sei, daß ferner im Süden der Berg sich ganz allmählich nach der Maas zu verflache, was der Angabe Cäsars, ringsum seien jähe Abhänge gewesen, widerspreche. Dasselbe bemerkt auch der Kaiser.[7]) Viel entscheidender scheint mir der Einwand, daß, da der Berg auf der ganzen Süd-, Südost- und Westseite von der Maas umflossen wird, die theils die jähen Abhänge bespült, theils im weiten Bogen herumzieht, die Umwallungslinien zweimal über dieselbe gehen mußten. Eine so wichtige Thatsache würde uns doch Cäsar gewiß nicht verschwiegen haben, wie es schon an und für sich unwahrscheinlich ist, daß er bei der Beschreibung des Berges und seiner Lage den bedeutenden Fluß nicht genannt haben sollte. Herr v. Cohausen verwirft noch aus einem andern Grunde den

---

[5]) Caes. Comm. II, 29, 30.
[6]) Man findet ihn dargestellt bei v. Goeler Tafel 9, Figur 1. und Rhein. Jahrb. Heft 43, Taf. II, Figur 2. Man vergleiche auch v. Goeler S. 82—87 und Rhein. Jahrb. H. 43, S. 13 ff.
[7]) Leben Cäsar's. B. 2. S. 114. Ich citire nach der mir vorliegenden deutschen Ausgabe, Wien 1866.

Berg Falhize. Er sagt:*) „Wir glauben nicht, daß die Cimbern und Teutonen mit der schweren" „Beute vom Rhein herkommend und mit ihrem Ziel nach dem südöstlichen Frankreich, die Maas" „überschritten haben, wo sie auf ihrem linken Ufer den mächtigsten Belgiern, den Nerviern in die" „Hände fielen, von welchen Cäsar (II, 4.) ausdrücklich sagt, daß sie ihre Grenzen gegen jene zu" „schützen wußten; muß man daher nicht schon deshalb voraussetzen, daß auch das oppidum der" „Abuatuker auf dem rechten Ufer lag?" Es hängt dies mit der Ansicht des Herrn von Cohausen, wie er sie an mehreren Stellen ausspricht, zusammen, daß die Cimbern und Teutonen vom Niederrhein her in Gallien eingebrochen seien und nachdem sie die offenen Niederungen zwischen Maas und Rhein durchzogen, am Eingange der Maasdefileen ihre schwere Beute zurückgelassen. Davon wissen wir aber Nichts. Im Gegentheil kamen diese Völkerschaften von Süden her und griffen nach Plünderung von ganz Gallien*) von der Marne her die Belgier an; auch nennt Cäsar nicht die Nervier insbesondere, sondern die Belgier als diejenigen, „qui Cimbros Teutonosque intra fines suos ingredi prohibuerint." Es heißt das auch nicht, daß sie überhaupt das belgische Gebiet gar nicht betreten haben. Bei der ungeheuren Zahl der hereinbrechenden Germanen waren die Belgier schwerlich im Stande, das gänzlich zu verhindern; es soll wohl nur heißen: sie fanden in dem noch dazu wenig angebauten Lande so tapfern Widerstand, daß sie nun beschlossen, ihren schon lang gehegten Plan auszuführen, nämlich Italiens fruchtbare Gefilde aufzusuchen. Wie weit sie aber nach Norden gekommen sind, ob die Maas im Stande war, die wilden Schaaren aufzuhalten, das können wir nicht mehr wissen. Sonach können wir diesem Grunde ein entscheidendes Gewicht nicht beilegen. Fassen wir aber alles oben Gesagte zusammen, so ergiebt sich wohl, daß sich nicht wenig gegen Herrn v. Goelers Ansicht einwenden läßt, der Berg Falhize sei das oppidum der Abuatuker gewesen.[10])

Bei weitem mehr noch ist das, so viel ich sehe, der Fall mit der Citadelle von Namur, die dem Kaiser der gesuchte Platz zu sein scheint. Er drückt sich darüber nach seiner Gewohnheit sehr kurz aus, nur seine wesentlichsten Gründe angebend: „Der Berg Falhize, sagt er,[11]) ist nicht überall" „von Felsen umgeben, wie es der lateinische Text verlangt; die Gegenverschanzung hätte mehr als" „15000 Fuß Entwicklung gehabt und zweimal die Maas durchschnitten, was kaum annehmbar ist." „Wir halten also für das oppidum der Abuatuker die Citadelle der Stadt Namur." Diese Cita-

---

*) Rhein. Jahrb. H. 43. S. 14. —
*) Omni Gallia vexata. Comm. II. 4.
[10]) Um nicht mißverstanden zu werden, bemerke ich, daß Niemand leugnet, der Berg Falhize sei ein oppidum, vielleicht sogar ein oppidum der Abuatuker gewesen, d. h. ein zur Zeit der Noth aufgesuchter Sicherheitsplatz; das wird genügend durch die auf dem Berghalse aufgefundenen Befestigungen bewiesen. Hier handelt es sich um das oppidum egregie natura munitum, welches uns von Cäsar näher beschrieben wird.
[11]) B. 2, S. 114.

belle liegt[12]) auf einem Felsplateau von mäßiger Ausdehnung in dem Winkel, den der Zusammenfluß der Sambre und der Maas bildet, während gegenüber am linken Sambre- und Maasufer die
Stadt selbst sich hinstreckt. Wir haben hier von allen Seiten Felsenabhänge, wir haben den leniter
acclivis aditus;[13]) aber 1) ist der innere Raum viel zu klein für die Unterbringung von 60000
Menschen; 2) ist es kaum denkbar, daß Cäsar die beiden bedeutenden Ströme, die die Festigkeit
des Platzes außerordentlich erhöhen, nicht sollte erwähnt haben; 3) spricht der Kaiser von einer römischen Umwallungslinie von 15000 Fuß. Das ist aber sicher unrichtig. Cäsar's Worte (II, 30)
lauten: postea vallo pedum duodecim in circuitu quindecim milium crebrisque castellis
circummuniti. Der Kaiser bemerkt dazu: „wir übersetzen quindecim millium mit 15000 Fuß;
„das Wort pedum, welches im vorausgehenden Satzgliede vorkommt, ergänzt sich hier von selbst."
„Wenn sonst Cäsar von Schritten sprechen will, setzt er fast immer das Wort passus hinzu."
Das ist, wie ich schon bemerkt, unrichtig. Durchgehends wendet Cäsar pes nur bei kleineren Maß-
bestimmungen an; die Höhe des Lagerwalles oder des Belagerungsdammes, die Tiefe und Breite
der Gräben wird in Fußen angegeben, nur selten etwas größere Entfernungen, wenn sie genau meß-
bar und wirklich gemessen sind; alle größeren Entfernungen aber in passus, vor Allem, wenn milia
vorausgeht; das war so allgemein, daß man nach milia auch passuum als selbstverständlich weg-
lassen konnte. Beispiele davon finden wir bei Livius, Cicero, Sallust, bei Cäsar sogar ziemlich
häufig.[14]) Diese circummunitio ferner stellt der Kaiser auf seinem Plane gleichsam als dritte
Seite des Dreieds dar, dessen erste und zweite von der Maas und der Sambre gebildet werden;
sie reicht von der Sambre bis zur Maas und sperrt das Plateau von der Landseite. Von einer
solchen Befestigung konnte Cäsar nicht den Ausdruck circummuniti gebrauchen. Freilich mußte
der Kaiser so verfahren, um mit seinen „15000 Fuß" auszureichen. Denken wir uns aber hier
eine vollständige Umwallung, die dann etwa 15000 Schritte betragen konnte, so mußten die Römer
dabei einmal die Sambre und zweimal die Maas überschreiten. Wäre das wirklich geschehen, so

---

[12]) Man vergleiche den Plan in dem dem Werke des Kaisers beigegebenen Atlas.
[13]) Das oppidum hat 195, der Hals 184, das äußere Plateau 211 Meter Höhe.
[14]) Aus der großen Menge von Beispielen wähle ich hier nur einige charakteristische. Die größten Zahlen
welche Cäsar mit pes in Verbindung bringt, sind VII, 24 aggerem latum pedes trecentos,
triginta, altum pedes octoginta exstruxerunt. — VII, 72: reliquas omnes munitiones ab ea
fossa pedes quadringentos reduxit. — I, 38: reliquum spatium, quod est non amplius pedum
sexcentorum, eine genau gemessene Strecke bei der Stadt Vesontio. cf. noch II, 29. — Damit vergleiche man Stellen, in denen passus mit den gleichen Zahlen verbunden sich findet. II, 18: collis
passus circiter ducentos infimus apertus b. b. nach ungefährer Schätzung; ebenso II, 8. I, 49.
Als Beispiele für die Weglassung von passuum mögen dienen I, 15, 5: ut inter novissimum hostium
agmen et nostrum primum non amplius quinis aut senis milibus interesset. III, 17, 5: cum
Viridovix contra eum duum milium spatio consedisset; IV, 14, 1: Celeriter octo milium itinere
confecto. VI, 29: silva Arduenna milibus amplius quingentis in longitudinem patet.

würde es uns Cäsar sicher mitgetheilt haben. Sonach können wir, denke ich, mit voller Sicherheit behaupten: das genannte Plateau ist wahrscheinlich ein oppidum gewesen, wozu es in hohem Grade sich eignete, aber nicht das von uns gesuchte. Dieses glaubt nun Herr von Cohausen in dem Plateau von Embourg auf dem rechten Maasufer Lüttich gegenüber gefunden zu haben. Es würde die Grenzen dieser kleinen Arbeit weit überschreiten, wenn ich hier ausführlich wiederholen wollte, was derselbe nach genauer Durchforschung der ganzen Gegend zur Begründung seiner Ansicht in der obenangeführten Abhandlung in vortrefflicher Weise vorgetragen hat. Indem ich deshalb auf diese Schrift[15]) verweise, führe ich hier nur die wesentlichsten Momente an. Etwa 1 Stunde oberhalb Lüttich, aber auf dem rechten Maasufer vereinigen sich die beiden kleinen Flüsse Besdre und Curte, dort 100–120 F. breit und meist undurchwatbar, und ergießen sich durch mehrere Mündungen in die Maas. Vor ihrer Vereinigung schließen beide ein Plateau ein, das im Wesentlichen den Anforderungen, die wir nach Cäsar's Angaben stellen müssen, entspricht. Ein sich ein wenig senkender, durch Schluchten verengter Hals verbindet es mit den südlicher liegenden Höhen. Während die Halbinsel fast ringsum (ich gebrauche hier Hrn. von Cohausens Worte) steil und mit Eichen- und Buchenstrauch bewaldet, zum Theil mit schroffen Kalk- und Grauwackefelsen abstürzt, neigt sie sich nordöstlich und nordwestlich in geringer Breite sanfter zu einem Vorlande. Einige kurze Schluchten geben Fußwegen aus dem Besdre- und Curtethal Zutritt zum Plateau. Die Halbinsel enthält mit dem umschlossenen Ufergelände 1800 Morgen, von denen jetzt die Hälfte Ackerland, ein Viertel Wiese und ein Viertel Wald ist. Sie mag in jenen Zeiten weniger Ackerland, mehr Wiesen und mehr Wald enthalten haben und bot so alles zum Unterhalte von Menschen und Vieh Nothwendige. Das führt uns auf die schwierige Frage über die Bevölkerung des oppidum. Schon oben[16]) habe ich die auf die Zahl der Aeuatuker sich beziehenden Stellen der Commentarien angeführt; hier haben wir es nur mit zweien derselben zu thun. II, 29 heißt es: qui (sc. Cimbri Teutonique, iis impedimentis, quae secum agere ac portare non poterant, citra flumen Rhenum depositis, custodiam ex suis ac praesidium sex milia hominum una reliquerunt, und so bann II, 33 nach Eroberung ihrer Stadt: occisis ad hominum milibus quatuor capitum numerus ad eum relatus est milium quinquaginta trium. Wie haben wir uns in der ersten derselben custodiam ac praesidium zu erklären? Sollten die 6000 Menschen zugleich Hüter[17]) und Beschützer sein oder war außer den 6000 noch eine Anzahl Hüter da? Der Wortlaut läßt Beides zu und der Zusatz una scheint für das Letztere zu sprechen; dennoch erscheint diese Erklärung mir unrichtig. Wer waren denn die custodes? auch freie Germanen, die man zum Viehhüten verwendete, unterschieden von den Kriegern (praesidium)? Oder waren es Leibeigene, Kriegsge-

[15]) Rhein. Jahrb. Heft 13, S. 26 ff.
[16]) S. 4.
[17]) Der größte Theil der impedimenta bestand sicher aus Heerden.

fangene, die man etwa aus der ganzen von den beiden Völkermassen mitgeführten Menge herausgelesen? Das ist doch wohl zu weit hergeholt. Sollte nicht die einfachste Lösung die sein, daß man sex milia hominum mit „6000 Krieger" übersetzt; so kommt ja homines häufig vor, auch in der ebenangeführten Stelle (II, 33). Dann war es ein Gau oder Stamm der Cimbern und Teutonen, der etwa durch das Loos dazu auserschen war zurückzubleiben, 6000 Krieger mit ihren Weibern und Kindern und den etwaigen Leibeigenen. Das gab denn im Ganzen (die Familie zu 4—5 Gliedern gerechnet) etwa 30,000 Menschen. Denken wir uns nun, daß nach der Schlacht von Aquae Sextiae versprengte Haufen von Teutonen und einzelne in Gallien noch herumschweifende Horden sich zu ihnen gerettet haben, so erklärt sich leicht, wie wir zu Cäsar's Zeit, also 50 Jahre nach der Katastrophe, die über die germanischen Völker hereingebrochen, die Aduatuker so stark finden, daß sie 19,000 Mann zum belgischen Heere schicken und benachbarte Völker, wie die Eburonen, tributpflichtig machen konnten (V, 27). Wenn Cäsar nun (II, 29) sagt: hunc locum domicilio sibi delegerunt, so braucht das gar nicht zu heißen: hier wohnten alle Aduatuker d. h. in hoc oppido: das würde ja auch im Widerspruch stehen zu den kurz vorher von ihm erwähnten cunctis oppidis castellisque. Locus ist hier, wie so oft, Gegend, Bezirk. Es brauchen also auch nicht einmal 6000 Menschen immer auf dem Plateau gewohnt zu haben; es brauchte dasselbe mit seinem Gelände auch nicht für 6000 Menschen und ihre Heerden genügenden Unterhalt darzubieten.[19]) Wohl aber mußte es für den Nothfall 60000 Menschen mit Hab und Gut und Heerden beherbergen und dem Vieh für eine Zeitlang genügende Weide darbieten können. Das ist aber bei Embourg vollständig der Fall und so rechtfertigt sich auch in dieser Beziehung die Wahl dieses Platzes. Was die Umwallung betrifft, so nimmt Herr von Cohausen eine solche an, die von der Höhe südlich vom oppidum, auf welcher Cäsar's Hauptlager sich befand, einerseits nach Nordwesten über die Ourte geht bis zur Maas, andererseits nordöstlich ebenfalls vom Lager aus auf dem rechten Veserufer bis wieder an die Maas fortläuft. Wenn derselbe aber glaubt, daß im Norden die Linie auf dem linken Ufer der Maas sich hingezogen habe, weil das rechte in jener Gegend wegen der vielen Flußarme gewiß schwer zugänglich gewesen sei, so möchte nur die Nichterwähnung des großen Stromes bei Cäsar auffallend sein, ebenso wie bei dem Berge Falbize und der Citadelle von Namur. Sollte sie aber auch durch das Mündungsgebiet der beiden kleinen Flüsse gegangen sein, also auf dem rechten Ufer der Maas (damit fiel für Cäsar zugleich die Veranlassung hinweg, dieselbe zu nennen), so würde ein Umkreis von 5—6 Stunden sich doch ergeben. Was Hr. v. Cohausen über die Nothwendigkeit so umfassender Werke sagt, möge man bei ihm selbst[19]) nachlesen, ebenso die treffenden Bemerkungen über die Wichtigkeit von Embourg für den Besitzer, sowohl für die Vertheidigung, als auch für den Angriff. Für Hrn. v. Cohausen tritt als bestimmender Grund noch hinzu, daß Embourg am Eingange der Te-

---

[18]) Herr v. Cohausen setzt auseinander, daß die Halbinsel Embourg nur etwa 1500 Menschen nähren könnte.

[19]) S. 30 u 31.

ſiteren des Maasthales liegt; hier hätten die Cimbern und Teutonen, vom Niederrhein heranziehend, die Nothwendigkeit gefühlt, den beſchwerlichen Troß zurückzulaſſen. Ueber die Unrichtigkeit dieſer Anſicht habe ich mich oben*) ſchon geäußert. Gerade die verhältnißmäßig nördliche Lage muß nach meiner Anſicht am meiſten Bedenken gegen Embourg als oppidum der Aduatuker erregen; aber dieſe Bedenken ſind doch nur ſcheinbar. Hatten die Cimbern und Teutonen von Süden herkommend bis an die Sambre und die mittlere Maas gelangen können, warum nicht wenige Meilen nördlicher bis in die Gegend von Lüttich, beſonders da der ſchwierige Uebergang über die Maas hier ganz wegfällt. Nach allem bisher Geſagten glaube ich alſo in Embourg das oppidum der Aduatuker gefunden. Aber wie verhält es ſich mit Aduatuca?

Vergegenwärtigen wir uns zuerſt die Anhaltspunkte für die Beſtimmung der Lage. Am Schluſſe ſeines fünften Feldzuges ſchickt Cäſar ſeine Legionen mit Ausnahme einer einzigen in das belgiſche Gallien, aber wegen Mißwachſes vertheilt er ſie in 6 geſonderte Winterlager, jedoch in der Art, ut omnium harum legionum hiberna milibus passuum centum continerentur. In das Gebiet der Eburonen, quorum pars maxima est inter Mosam et Rhenum, ſchickt er eine Legion und 5 Kohorten unter den Legaten Titurius Sabinus und L. Aurunkulejus Cotta. (V, 24). Dieſe werden von Ambiorix und den Eburonen angegriffen und als die Truppen, von ihnen überredet, ausgerückt ſind, (V, 32) in einer magna convallis, 2000 Schritte von den Feſtungswerken überfallen und aufgerieben. Dabei erfahren wir noch, daß die nächſtſtehenden Legaten Cicero und Labienus etwa 50,000 Schritt entfernt ſtub, der eine im Weſten im Nervierlande, der andere an der öſtlichen Grenze der Remer. Wenige aus dem Kampfe Entronnene gelangen incertis itineribus per silvas zu Labienus. Als im folgenden Jahre Cäſar vom Rhein durch die Eifel und die Ardennen heranzog zur Vernichtung des Eburonenvolkes, copiis in tres partes distributis impedimenta omnium legionum Aduatucam contulit. (VI, 32). Id castelli nomen est. Hoc fere est in mediis Eburonum finibus, ubi Titurius atque Aurunculeius hiemandi causa consederant. Hunc cum reliquis rebus locum probarat, túm quod anni superioris munitiones integrae manebant, ut militum laborem sublevaret. Als nun die Legionen im Eburonenlande umherzogen, überfielen plötzlich 2000 ſigambriſche Reiter das Lager (VI, 35.) — Alſo ſcheinbar recht viele Andeutungen für eine Ortsbeſtimmung: „mitten im Eburonenlande," „10 deutſche Meilen von Cicero's Lager, ungefähr ebenſoweit von dem des Labienus" — aber auch nur ſcheinbar. Die Lagerplätze nämlich des Cicero und Labienus können nur vermuthet, aber nicht ſicher feſtgeſtellt werden. Was heißt ferner: mediis in finibus Eburonum? Bei dieſer Unbeſtimmtheit der Angaben ſind benn nun viele Orte in Vorſchlag gekommen, in denen der Eine oder der Andere das alte Aduatuca entdeckt zu haben glaubte, theilweiſe aus Lokalpatriotismus, wenn ſich irgendwo Reſte von römiſchen Befeſtigungen vorgefunden haben. Der Kaiſer nennt 14,

*) S. 7

Hr. von Cohausen sogar 18 solcher Punkte von Jülich im Nordosten bis Huy im Südwesten. Wer nun über alle diese Vorschläge ein vollgültiges Urtheil fällen will, hat nicht nur zu untersuchen, ob sie den von den Commentarien in Bezug auf die Lage gestellten Bedingungen im Allgemeinen entsprechen, sondern er bedarf auch eines militärischen Blickes, um zu entscheiden, in wie weit sie den Anforderungen genügen, die die Römer an ein Winterlager stellten. Da mir dieses abgeht und ebenso die genaue Ortskenntniß, die man nicht beim Durchfahren einer Gegend mit Post oder Eisenbahn erlangt, so beschränke ich mich im Folgenden auf das, was eine Prüfung der betreffenden Stellen Cäsar's selbst ergiebt.

Da möchte ich nun zuerst behaupten, daß alle diejenigen von den vorgeschlagenen Orten, welche auf dem linken Ufer der Maas liegen, von vornherein wegfallen müssen, vor allen Aduatuca Tungrorum, das heutige Tongern, von dem der Kaiser sagt: es entspricht so vollkommen den Anforderungen der Erzählung in den Commentarien, daß man nicht daran denken kann, Abuatuca irgendwo anderwohin zu verlegen.²¹)

Aus dem, was der Kaiser hier anführt und was auch der seinem Werke beigegebene Plan von Tongern und seiner Umgegend beweist, ergiebt sich, daß dieser Ort sehr geeignet war zur Anlage

²¹) Ich setze die ganze Anmerkung, die die Beweisführung des Kaisers enthält, hieher. B. 2, S. 195. Man hat Abuatuca an mehr als vierzehn verschiedene Stellen verlegt. Wenn Schriftsteller einerseits gute Gründe dafür anzuführen glaubten, diese Festung sei auf dem rechten Maasufer zu suchen, so haben doch andere gemeint, ganz ebenso gewichtige dafür geltend machen zu können, dieselbe sei auf das linke Ufer zu verlegen; aber die Mehrzahl hat diese oder jene Stelle auf nichtige Beweggründe hin angenommen. Niemand hat daran gedacht, die Frage auf einfache Weise zu lösen, das heißt, sich zu erkundigen, ob unter den verschiedenen vorgeschlagenen Orten es einen giebt, der nach der Bodenbildung den Anforderungen der Erzählung in den Commentarien entspricht. Nun ist nur Tongern in dieser Lage; es entspricht so vollkommen, daß man nicht daran denken kann, Abnatuka irgend anderswohin zu verlegen. Tongern liegt wirklich in der ehemals den Eburonen zugehörigen Gegend und zwar, wie Cäsar schreibt, in mediis Eburonum finibus d. h. mitten im Lande der Eburonen, doch nicht genau im Mittelpunkte des Landes; seiner ist es in einem Kreise von hundert Meilen (d. h. römischen) Halbmesser eingeschlossen, der alle Winterlager des römischen Heeres, außer dem des Roscius umfaßte. Schließlich erfüllt es alle Vorbedingungen, die für die Anlage eines Lagers erforderlich sind; es liegt in der Nähe eines Flusses, auf einer Höhe, von der man die Umgegend beherrscht, in einem Lande, welches Korn und Futter erzeugt. Zwei Meilen westlich befindet sich ein großer Engpaß (magna convallis), das Thal von Kerwalge, in welchem der Bericht von der Niedermetzelung der Cohorten des Sabinus seine vollständige Erklärung findet. Tongern paßt gleichfalls zu den Ereignissen des Jahres 701; denn drei Meilen von seinen Mauern zieht sich eine Ebene hin, die von der Stadt durch einen einzigen Hügel geschieden ist; von derselben Seite, wie dieser Hügel, erhebt sich eine abgerundete Erhöhung (die von Berg), auf welche die Bezeichnung tumulus sehr wohl paßt. Schließlich vertheidigte der Feer, dessen Ufer ehemals sumpfig waren, auf eine lange Strecke hin, die Höhe von Tongern. (S. Tafel 18.)

eines römischen Lagers; es ist auch wirklich später eine römische Statten und ein Kastell auf der Militärstraße von Köln nach Boulogne[22]) gewesen. Aber sehen wir uns näher an, was die Commentarien sagen: Aduatuca soll in mediis fere Eburonum finibus liegen. Von diesen aber berichtet uns Cäsar, daß sie „maximam partem" zwischen Maas und Rhein wohnen. Im Westen der Maas stoßen sie an die Aduatuker, nördlicher an die Nervier und die denselben zinspflichtigen Völkerschaften und zwar muß diese Grenze wenige Meilen westlich von Tongern gewesen sein. Sicherlich aber kann man doch nicht von einer Stadt, die wenige Meilen von den westlichen Grenzen eines Landes liegt, sich des Ausdrucks bedienen, sie sei mediis in finibus gelegen, wenn es sich auch von selbst versteht, daß hier nicht an einen mathematischen Mittelpunkt zu denken ist. Cäsar rückt am Schlusse des sedisten Kriegsjahres von Süden her in das Eburonenland zum Verwüstungszuge. Ihm kommt es hierbei wesentlich darauf an, anzudeuten, daß der Ort nicht an der West- oder Ostgrenze desselben gelegen habe, sondern geeignet gewesen sei, als eine Art Centrum zum Niederlegen des schweren Heergepäckes und zugleich zum radienartigen Aussenden von Colonnen zu dienen. Und ein solcher Mittelpunkt sollte Tongern gewesen sein? Cäsar sollte erst den ganzen Train über die Maas geschleppt haben, um das verhältnißmäßig kleine westliche Gebiet der Eburonen zu verwüsten? Wir wissen ja, daß er Eile hatte, mit den „expeditae legiones" an seine Arbeit (negotium) zu gehen; eben deshalb, um sich und den Truppen Aufenthalt und Arbeit zu sparen, wählt er einen Ort, dessen Befestigungen noch standen und nun sollte er, um die Arbeit eines halben Tages zu sparen, 2—3 Tagemärsche gemacht haben? Ebenso spricht auch der Einbruch der 2000 Sigambrer gegen das linke Maasufer. Den Rhein hatten sie auf Kähnen und Flößen überschritten, etwa in der Gegend von Bonn. Querfeldein ging die wilde Jagd nach Westen. Non hos palus in bello latrociniisque natos, non silvae morantur. Und hier sollte Cäsar das bei weitem bedeutendste Hinderniß, den 500 Fuß breiten Maasstrom unerwähnt gelassen haben? Wären sie über den Rhein gleichsam als freundlich eingeladene Gäste Cäsar's gekommen,[24]) so wollten sie jetzt sein Lager stürmen; da wäre doch das Ueberschreiten eines mächtigen Stromes, beinahe 20 deutsche Meilen westlich vom Rhein eine mehr als verwegene That gewesen. Zu demselben Ergebnisse führt uns die Betrachtung des V, 17 Erzählten. Nachdem uns hier die Niedermetzelung der Cohorten des Sabinus und Cotta berichtet ist, heißt es weiter: pauci ex proelio elapsi incertis itineribus per silvas ad Titum Labienum in hiberna perveniunt. Labienus aber stand an den Grenzen der Remer und Trevirer,[24]) also südlich von Aduatuca, Cicero südwestlich, sei es in Namur, wie Hr. von Goeler, sei es in Charleroy, wie der Kaiser annimmt. Letzterer läßt auch die beiden Le-

---

[22]) Colonia und Gesoriacum. cf. Itinerarium Antonini und v. Gehauken, Rh. Jahrb. Heft 48. S. 46.
[23]) altro omnes ad praedam invitari. Comm. VI, 36.
[24]) Der Kaiser nimmt als Ort des Lagers Lavacherie sur l'Ourte im Luxenburgischen an. Hr. v. Goeler Chiny (Medantum), gleichfalls im Luxemburgischen; für uns ist es hier gleichgültig, wer von Beiden Recht hat.

gaten in der Richtung auf Cicero's Lager ausrücken. Zerstreute Flüchtlinge retten sich noch Cäsar incertis itineribus d. h. mitten durch die Ardennen auf Waldwegen. Sollten da die von Kampf und Flucht und Hunger Ermatteten die breite Maas überschritten haben? Konnten sie überhaupt diese Richtung einschlagen, wo ihnen der Strom ein damals unüberschreitbares Hinderniß darbot und sollte Cäsar hier abermals die Erwähnung dieses bedeutendsten Hindernisses unterlassen haben? Man wird zugeben müssen, daß das Alles in gleicher Weise und unbedingt gegen Tongern spricht. Aber, kann man fragen, wenn dem so ist, was konnte den Kaiser, der das Alles doch auch durchdacht haben wird, zu seiner Annahme veranlassen, die er noch dazu als eine ganz unzweifelhafte hinstellt? Außer der hierzu allerdings auffordernden Terraingestaltung der Umgebung von Tongern war es sicher der Name Aduatuca Tungrorum. Freilich, ein wunderbares Zusammentreffen und trotzdem nicht genügend, den obenangegebenen Gegengründen die Wage zu halten. Ueber die Tungri ausführlicher zu sprechen, ist hier nicht der Ort; ich würde auch nur oft Gesagtes wiederholen können. Darum nur kurz das Wesentliche. Die Namen Eburonen und Aduatuker verschwinden seit Cäsar's Zeiten. In einem großen Theile ihres Landes, besonders auf dem linken Maasufer, erscheinen die Tungri, vielfach bei Tacitus in den Historien, in der Germania und im Leben des Agricola als tapfere Streiter und als Nachbarn der Nervier erwähnt. Sind es die Nachkommen der Aduatuker und Eburonen, die diesen Namen angenommen, oder ist es vielleicht ein Gesammtname für die bei Cäsar erwähnten Völker, qui uno nomine Germani appellantur (Paemani, Segni, Condrusi, Eburones)? Wir wissen es nicht, nur war eine ihrer Ortschaften Aduatuca Tungrorum. Nun schließt man: Tongern liegt unzweifelhaft im alten Eburonenlande, die Tungrer sind die Nachkommen der alten Eburonen, folglich haben wir hier das alte eburonische Aduatuka. Aber es ist das durchaus kein genügender Schluß; Namensähnlichkeit darf uns nicht zwingen, einen Ort dahin zu legen, wo er unmöglich liegen kann. Sollten wir überhaupt genöthigt sein, bei dem Namen Aduatuca oder Abuaca (auch diese Schreibweise kommt vor) immer an die Aduatuker zu denken? Mir ist es wahrscheinlicher, daß hier eine celtische Wurzel zu Grunde liegt, wonach es mehrere Orte von gleicher Benennung geben konnte, die mit dem Namen des Volkes nichts zu thun haben. Vielleicht ließe sich dann noch weiter gehen und die Vermuthung aufstellen, daß von einem solchen gallischen oppidum auch die von den Cimbern und Teutonen zurückgelassenen Wächter Aduatuker[26]) genannt seien, während jetzt alle Schwierigkeiten darin ihren Grund haben, daß man, wo ein Aduatuca erwähnt wird, immer auch an Aduatuker denkt.

Noch viel weniger entspricht Huy an der Sambre den Anforderungen der Commentarien; es lag gar nicht im Eburonenlande. Was nun die übrigen vorgeschlagenen Orte betrifft, sei es an der Maas selbst gelegen oder östlich derselben, so verweise ich in Bezug auf die meisten derselben auf die

---

[26]) Wir brauchen uns nur daran zu erinnern, daß, wie man jetzt wohl ziemlich allgemein annimmt, auch das Wort Germani celtischen Ursprungs ist.

Auseinandersetzung des Hrn. v. Cohausen.²⁶) Viele derselben würden der allgemeinen geographischen Lage nach wohl in Frage kommen können; in wie weit aber jeder derselben die für Anlegung eines römischen Winterlagers nothwendigen Eigenschaften z. B. genügende Räumlichkeit, leichte Vertheidigungsfähigkeit, bequeme und reichliche Wasserversorgung, Nähe von Wiesengründen, Straßenverbindung ꝛc. besessen hat, das vermag, wie ich schon oben bemerkt, nur der sachkundige Militär durch genaue Untersuchung an Ort und Stelle festzustellen. Hr. v. Cohausen spricht sich nun gegen die meisten derselben unbedingt aus bald aus dem einen, bald aus dem andern Grunde, so daß zuletzt nur sehr wenige übrig bleiben, von denen überhaupt noch die Rede sein kann. Er selbst entscheidet sich für Embourg. Es ist eine höchst geistvolle, sich außerordentlich einschmeichelnde Konjektur, das oppidum Aduatucorum und das castellum Aduatuca sei ein und derselbe Ort, oder genauer, das castellum sei ein Theil des alten oppidum. Läßt sich das genügend nachweisen, so verschwindet zugleich eine ganze Anzahl von Schwierigkeiten und scheinbaren Widersprüchen. Hr. v. Cohausen hat nicht nur mit der höchsten Sorgfalt, sondern auch mit großer Klarheit Alles zusammengestellt, was für seine Ansicht sprechen kann. Man lese das bei ihm selber nach.²⁷) Hier nur einiges Wesentliche, indem ich zugleich auf das, was ich oben über Embourg bemerkt, zurückverweise (S. 9 ff.) „Da, wo (sagt Hr. v. Cohausen) die Halbinsel von Süden angesehen besonders steil und felsig sich aus der Ourte und einer Seitenschlucht dieses Flüßchens erhebt, liegt eine alte Verschanzung „le Hasset" genannt, einerseits von dem oben erwähnten Steilrande, andererseits durch einen Wall und Graben begränzt, so daß ihr ganzes Areal 500 Schritte lang und 300 Schritte breit ist oder 864,000 ☐F. bedeckt. Diese Umwallung halte ich für das Castell Abuatuca." Dieses Lager, fährt er fort, mußte dem Besitzer dieselben Vortheile bieten, wie dem des oppidum, Beherrschung der Straße längs des rechten Maasufers und derjenigen, die durch die Eifel und die Ardennen nach der Maas gingen und über den Hals des Plateau's hinwegliefen, ferner die Herrschaft über die untenliegenden Gelände. Es bot genügenden Raum für die 15 Kohorten des Sabinus und Cotta und ebenso im folgenden Jahre für Cicero und den Troß. Dann bezeichnet er die Punkte, von denen die Eburonen unter Ambiorix und späterhin die Sigambrer ihre Angriffe gemacht haben können, ebenso das Thal, in dem die Kohorten (er läßt nämlich die Legaten und nach meiner Ansicht mit Recht, nach Süden zum Lager des Labienus ziehen) vernichtet wurden. Ebenso paßt Embourg in den Umkreis der Winterlager, wie ihn Cäsar am Ende des fünften Kriegsjahres angiebt. Wir erhalten dann noch eine höchst anziehende Beschreibung der Reste der Römerstraße,²⁸) die vom Rheinthal bei Koblenz durch die Eifel gehend, hier in Embourg mündete.

Trotz aller dieser Gründe kann ich mich nicht von der Richtigkeit dieser Ansicht überzeugen,

²⁶) R. Rhein. Jahrb. Heft 48, S. 12 ff.
²⁷) Rh. Jahrb. Heft 43. S. 5—7 und S. 26—41.
²⁸) über Mayen, Hillesheim, Sourbrod und das hohe Venn.

weil ich Cäsar's Worte damit nicht vereinigen kann. Wenn derselbe (Comm. VI, 32) sagt: impedimenta omnium legionum Aduatucam contulit. Id est castelli nomen. Hoc fere est in mediis Eburonum finibus, ubi Titurius atque Aurunculeius hiemandi causa consederant, so bemerkt Hr. v. Gohausen: leider sagt Cäsar nicht, daß hier auch das oppidum der Aduatuker gestanden; wir kennen aber an Cäsar zu viele derartiger Unterlassungssünden, als daß wir hierin einen Grund gegen die Gleichartigkeit des oppidum und des Kastells finden dürften. Daß es mit diesen „Unterlassungssünden" seine Richtigkeit hat, weiß jeder Leser der Commentarien und gerade bei den Fragen, die uns hier beschäftigen, erinnert uns schmerzlich jeder Augenblick daran. Aber, fragen wir, was läßt denn Cäsar unerwähnt? Wir antworten: zunächst Alles, was seine Leser d. h. die römischen Bürger, für die er schrieb, wußten, z. B. die gesetzmäßige Stärke der größeren und kleineren Heereskörper, Verpflegungs- und Lieferungswesen x., oder was nach seiner Ansicht ihnen gleichgültig war, z. B. an welchen Orten er auf dem Marsche von A nach B sein Lager geschlagen hatte und wie stark jeder Tagemarsch gewesen war, oder was er selbst nicht genau angeben konnte. Wenn es sich aber um Thaten oder Verhältnisse handelt, die seinen Geist und sein Gemüth in Bewegung setzen und von denen er annehmen kann, daß sie auch auf seine Leser dieselbe Wirkung üben werden, insbesondere aber um solche, bei denen sich das Eingreifen einer höheren Gewalt oder ein wunderbares Zusammentreffen von Umständen zeigt, so erwähnt er oft scheinbare Kleinigkeiten und verweilt mit einer gewissen Vorliebe bei ihnen.²⁹) In unserem Falle lag es doch wohl sehr nahe, ja es war selbstverständlich, daß Cäsar bei den späteren Ereignissen daran erinnerte, daß dies derselbe Ort sei, wo wenige Jahre vorher die Arbeitsfähigkeit, Wachsamkeit, Tapferkeit seiner Truppen sich so glänzend bewährt hatten. Ich würde ganz zufrieden sein, wenn er geschrieben hätte: impedimenta omnium legionum Aduatucam contulit. Hoc fere est in x. Das wäre eine seiner sogenannten Unterlassungssünden gewesen; man konnte dann glauben, er habe bei seinen Lesern vorausgesetzt, sie würden die im zweiten Buche erzählten Ereignisse noch in lebhafter Erinnerung haben. Statt dessen finden wir die trockene Erklärung: Aduatuka, so heißt ein Castell im Eburonenlande, wo im vorigen Jahre ic. So weit ich mir ein Urtheil über Cäsar's Darstellungsweise erlauben darf, behaupte ich fest: so hätte er nimmer geschrieben, wenn er sagen wollte, das Kastell sei ein Theil des alten

---

²⁹) Die folgenden Stellen mögen zum Belege dienen: I, 12 giebt ihm die Niederlage der Tiguriner Veranlassung zu Bemerkungen über die wunderbare Fügung des Schicksals. I, 39, 40, 41 erhalten wir eine lebendige Schilderung von der Angst der Soldaten und von der Art und Weise, wie er sie ermuthigt. II, 20-27 lesen wir die ausführliche, lebensvolle Beschreibung der Nervierschlacht, in der er (c. 25) seinen braven primuspilus nicht vergißt. Ich verweise ferner auf V, 44 (Wettkampf der beiden Hauptleute in Cicero's Lager), VI, 30 (die Macht der fortuna beim Aufsuchen des Ambiorix), VI, 35-42 (die in's Einzelne gehende, spannende Schilderung des Angriffs der Sigambrer), VII, 25 (Beispiele von der Tapferkeit der Gallier bei der Belagerung von Avaricum und VII, 50 von dem Heldenmuth mehrerer seiner Hauptleute vor Gergovia.) —

oppidum der Aduatuker gewesen. Dazu kommt nun noch das „mediis in finibus Eburonum," worüber ich schon oben gesprochen habe.³⁰) Das oppidum lag doch im Aduatukerlande; mag auch nach der Eroberung des Jahres 57 dasselbe verlassen gewesen sein, der Volksstamm war keineswegs vernichtet, er tritt noch nach dem Untergange des Titurius und Cotta auf. Ambiorix eilt, nachdem er die 15 Cohorten bei Aduatuca vernichtet, von dort zu ihnen, um sie zur Theilnahme an der Bewegung aufzufordern; er reitet ununterbrochen Tag und Nacht.³¹) Wie erklärt sich das, wenn die gewaltigen Ereignisse der letzten Tage in ihrem Lande, vor ihren Augen vorgegangen waren? Ein Tag und Nacht dauernder Gewaltritt setzt aber doch eine nicht unbedeutende Entfernung voraus. Ueber den Ausdruck: mediis in finibus Eburonum allein wollte ich mich schon hinwegheben (vgl., was ich oben darüber bemerkt); war doch das Gebiet der Aduatuker in das der Eburonen gleichsam hineingesprengt und saßen doch östlich und westlich von ihnen Eburonen. So hätte Cäsar von Süden kommend und nach Südwesten, nach Westen, nach Norden hin es verwüsten wollend, wohl sagen können, der Ort liege mitten im Eburonenlande. Aber der ganze Zusammenhang der angeführten Stelle beweist doch wohl zur Genüge, daß wir das castellum nicht auf dem Platze des oppidum suchen dürfen, daß also die Ansicht des Hrn. v. Cohausen sich nicht aufrecht halten läßt. Römerstraßen späterer Zeit können hier eben so wenig Etwas beweisen, wie bei Tongern.³²)

Das Ergebniß der vorstehenden Erörterungen ist also bis jetzt ein verneinendes. Fragt man mich aber: wo sollen wir Aduatuca suchen, so werde ich antworten: wer mit voller Sicherheit irgend einen Punkt als solchen bezeichnen will, muß, die Commentarien in der Hand, die ganze hier

---

³⁰) S. 12.
³¹) V, 38 neque noctem neque diem intermittit.
³²) Es sei mir gestattet, hier einen Irrthum des Hrn. v. Cohausen zu berichtigen. Rh. Jahrb. H. 43, S. 17 sagt er: „Das oppidum der Aduatuker und das castellum Aduatuca hatten beide ihren Namen von den Aduatukern x. Es geht dies auch daraus hervor, daß C. Trebonius, der Befehlshaber der drei Legionen, welche das den Aduatukern benachbarte Gebiet verwüsten sollten, selbst sein Hauptquartier in Aduatuca aufgeschlagen hatte, was sicher nicht geschehen wäre, wenn Aduatuca nicht dem Aduatukergebiet umgeben gewesen wäre." Eine Namensgleichheit hat hier zu ganz unrichtigen Schlüssen geführt. Nach VI, 33 mittit Cäsar den Legaten C. Trebonius mit drei Legionen, d. h. derselbe zieht aus und kehrt erst, wie er von Oberfeldherrn befohlen war, nach 7 oder 8 Tagen zurück. Seit dem J. 54 einer von Cäsar's Generalen, spielt er auch in späterer Zeit eine nicht unbedeutende Rolle. Der cap. 40 erwähnte gleichnamige Führer der 300 Reconvalescenten in Cicero's Lager wird ganz besonders als eques Romanus bezeichnet. Solcher equites gab es wahrscheinlich nicht wenige in Cäsar's persönlicher Umgebung. Wir finden, daß sie zu mancherlei Aufträgen, auch militärischen verwendet wurden: z. B. Buch III, c 7 schickt der Legat Publ. Crassus mehrere praefectos tribunosque militum in verschiedene Staaten, um Getreidelieferungen zu verlangen; dieselben Männer werden c 10 equites Romani genannt. VII, 60 heißt es von Labienus: naves, quas Meloduno deduxerat, singulas equitibus Romanis attribuit. — Es fallen denn auch die aus der unrichtigen Voraussetzung gezogenen Folgerungen.

in Frage kommende Gegend mit militärisch geübtem Auge durchforschen. Dazu bin ich nicht im Stande. Hr. v. Cohausen wäre der rechte Mann; aber einmal von der Ueberzeugung ausgehend, daß oppidum und das Kastell sei ein und derselbe Platz, legte er an alle bisher vorgeschlagenen und von ihm untersuchten Punkte den Maßstab von beiden zugleich; da entsprach denn der eine nicht den Bedingungen des oppidum, der andere nicht denen des Kastells, der dritte weder den einen noch den andern. So hat er sie, mit Ausnahme natürlich von Embourg, alle verworfen. Vielleicht wäre er zu andern Ergebnissen gekommen, wenn er bei seinen Forschungen bloß das Kastell vor Augen gehabt hätte. Die Gegend aber, in der wir dasselbe zu suchen haben, läßt sich nach Cäsar ziemlich genau bestimmen.

Bis ich eines Bessern belehrt werde, glaube ich, daß Hr. v. Goeler hier das Richtige getroffen hat.[23]) Nachdem er die Dislokation der Truppen am Ende des fünften Kriegsjahres besprochen hat, fährt er fort: „Aduatuca muß daher in der Nähe des heutigen Eupen oder Limburg gelegen haben. Ja, das auf hohem Felsen erbaute Schloß von Limburg mag vielleicht gerade auf der Stelle des alten Aduatuca liegen. Das Thal der Veßdre und das der Maas beförderte die Kommunikation mit Cicero's Lager und das Land von Limburg oder Eupen abwärts gegen die Maas hin ist fruchtbar und reich an ergiebigen Wiesen." In seiner Beurtheilung[24]) schildert Hr. v. Cohausen zunächst das Terrain von Limburg. Die alte (d. h. die mittelalterliche) Festung liegt auf einem nach mehreren Seiten schroff abstürzenden, auf einer Seite sanft zur Veßdre sich abdachenden Felsengrat. Der ganze Umzug der Befestigung, sagt er fort, umfaßt einen sanft geneigten Raum von etwa 500 Schritt Länge und 200 Schritt Durchschnittsbreite. Sein Areal würde äußersten Falls für vier Legionen genügen, würde aber für 1½ Legionen mit etwas Reiterei, wie sie Titurius Sabinus und Cotta befehligten, und für eine Legion und 200 Reiter und eine Anzahl Kranker, wie sie Cicero hatte, ganz angemessen und leicht zu vertheidigen sein.[25]) Es ist nicht zu läugnen, heißt es weiter, daß sich die Feste und ihr Vorgelände den Bedingungen, welche man aus dem 5. und 6. Buche des gallischen Krieges ableiten kann, sehr gut anpassen lassen. Er spricht sich also recht günstig über diese Wahl aus; nur wendet er ein, Limburg liege abseits der großen Straßen des Verkehrs und der Volkszüge in den Thalwegen und auf den Wasserscheiden, auf die es, durch tiefe Thäler und Terrainhindernisse anderer Art getrennt, kaum eine Einwirkung hatte. Von einer Lage aber, die einerseits zweckmäßig sein mußte zur Bewahrung der Beute der Cimbern und Teutonen, andererseits

---

[23]) v. Goeler G. S. Kr. S. 148, 149.
[24]) Rhein. Jahrb. Heft 43, S. 24 und 25.
[25]) Ich bemerke hierzu, daß Hr. v. Cohausen Gedanken Cäsar's Legionen nach meiner Meinung zu schwach annimmt. Die eigentliche Legion bestand freilich damals durchschnittlich aus 4600 Mann. Wir haben aber, wenn auch im Winter die gallischen Reiter nach Hause geschickt wurden, doch immer außer Cäsar's eigener — spanischer und germanischer — Reiterei an die Cohorten leichter Truppen, die Bogenschützen und Schleuderer, zu denken, die ihnen beigegeben waren.

würdig des Scharfblicks Cäsars, müsse man erwarten, daß sie zunächst eine sichernde, sodann eine weitbeherrschende sei, fähig die Straßen von der Maas- und Rheinnieberung nach dem innern Gallien, wie die vom Ardennenlande nach der mittleren Maas zu sperren. Die Cimbern und Teutonen können wir hier bei Seite lassen. Ihre und ihrer Beuteniederlage Erwähnung hängt zusammen mit den Ansichten des Hrn. v. Cohausen über ihre Wanderung vom Niederrhein her und über das Zusammenfallen des oppidum mit dem Castell Abuatuca. Was aber den militärischen Blick Cäsars betrifft, — den ja Niemand bezweifelt — so fragt es sich hier doch zunächst: hat denn Cäsar auch wirklich das Alles bei der Wahl von Abuatuca bezweckt, was Hr. v. Cohausen ihn bezwecken läßt? Das glaube ich eben nicht. Abuatuca wird nur zweimal erwähnt, zuerst im fünften Kriegsjahre. Eine schlechte Erndte[*]) in Gallien zwang Cäsar, gegen seine sonstige Gewohnheit des leichteren Unterhalts wegen seine Legionen weiter auseinanderzulegen, aber auch nicht weiter, als es für den bestimmten Zweck unbedingt nöthig war, um sie eintretenden Falls möglichst rasch vereinigen zu können. Es konnte Cäsar's Aufgabe also nur sein, für die 1½ am weitesten nach Osten liegenden Legionen des Titurius und Cotta einen Punkt zu suchen, der ein gesichertes, vertheidigungsfähiges Winterlager mit allen Erfordernissen darbot, ferner aber die Möglichkeit einer leichten Verbindung mit den beiden im Süden und Westen etwa 10 deutsche Meilen entfernt stehenden Legionen des Cicero und Labienus. Nach dem oben Bemerkten entsprach Limburg diesen Anforderungen. Im folgenden Jahre kam Cäsar durch die Eifel zum Rachezuge gegen die Eburonen. Es kam ihm darauf an, einen Platz zu finden, wo er den großen Train, die Kasse, die Archive rc. sicher niederlegen konnte, um „cum expeditis legionibus" rascher vorwärts zu kommen; zudem war Eile nothwendig. Was Wunder, daß er da auf den Gedanken kam, den in der Nähe liegenden Ort zu benutzen, wo noch die Festungswerke des vorigen Jahres standen, noch dazu die mächtigeren Werke eines Winterlagers, die sich durch eine Legion genügend vertheidigen ließen. Zudem wurde den vom beschwerlichen Marsche durch die Gebirge ermüdeten Truppen eine schwere Arbeit, zugleich auch — worauf es ihm damals sehr ankam — Zeit gespart. Also was wollte damals Cäsar mit Abuatuca? Er wollte es als sicheren Bewahrungsort für sein Gepäck auf einige Wochen benutzen. Das ist das einfache Ergebniß aus den Stellen der Commentarien. Von tiefergehenden Plänen Cäsar's bei der Wahl von Abuatuca ist nirgendo die Rede. Der Ort wird nicht wieder erwähnt. Vielleicht ist gerade das ein Beweis mehr dafür, daß es nicht an einer Hauptstraße gelegen war. Ich würde also, wie gesagt, hier Abuatuca suchen, bis weitere Forschungen zu einem anderen Ergebnisse führen.

2. Die Schlacht gegen die Usipeter und Tenchtherer; der erste Rheinübergang.

Noch viel übler sind wir daran, wenn wir die Oertlichkeit des Kampfes mit den Usipetern und Tenchtherern und die des ersten Rheinübergangs bestimmen wollen. Cäsar's Nachrichten darüber

---

[*]) V, 24 frumentum propter siccitates angustius provenerat.

lauten so unbestimmt, daß, sich auf dieselben berufend, die Einen jene Schlacht an den Niederrhein in der Gegend von Cleve, Andere in das Maifeld bei Koblenz verlegen; der Uebergang wird ebenso verschieden bei Xanten, bei Bonn, bei Neuwied angenommen. In dieser Lage wird es zunächst unsere Aufgabe sein müssen, die Commentarien in der Hand, zu versuchen, die irrigen Ansichten zu beseitigen. Schon dadurch wird die Sache gewinnen, wenn es auch nicht gelingen sollte, mit unbedingter Sicherheit die Wahrheit festzustellen. Indem ich die im 4. Buch der Commentarien erzählten Ereignisse im Allgemeinen als bekannt voraussetze, hebe ich hier nur das Wesentliche hervor.

Im Winter von 56 auf 55 v. Ch. waren die Usipeter und Tenchtherer, von den Sueven aus ihren Wohnsitzen gedrängt, nach Ueberrumpelung der Menapier über den Rhein gegangen „uon longe a mari, quo Rhenus influit" (IV, 1) und nachdem sie deren Wohnungen in Besitz genommen, lebten sie den Winter von den erbeuteten Vorräthen (IV, 4). Cäsar, im Innern überzeugt, daß die Gallier dieselben als Helfer, als Befreier vom römischen Joche herbeirufen würden, glaubte eilig gegen sie rücken zu müssen. Deshalb reiste er früher als gewöhnlich zum Heere (IV, 6). Und wirklich hatten gallische Völker sie zum Vorrücken vom Rhein veranlaßt. Da heißt es denn nun (IV, 6): Qua spe adducti Germani latius vagabantur et in fines Eburonum et Condrusorum, qui sunt Treverorum clientes, pervenerant. Da glaubte Cäsar eilen zu müssen. Nachdem er für die Zufuhr gesorgt und gallische Reiterei herangezogen, rückte er ihnen entgegen. Als er nur noch wenige Tagemärsche von ihnen entfernt war, kamen von ihrer Seite Gesandten, die ihn um Bewilligung von Land in Gallien baten (IV, 7). Das verweigerte er, gestattete ihnen aber, sich im Gebiete der hülfeflehenden Ubier b. h. auf dem rechten Rheinufer anzusiedeln. Ihre zugleich ausgesprochene Bitte um einen breitägigem Waffenstillstand gewährte er aber nicht; cognoverat enim, magnam partem equitatus ab iis aliquot diebus ante praedandi frumentandique causa ad Ambivaritos trans Mosam missam; er glaubte also, sie suchten den Waffenstillstand nur, um diese wieder an sich zu ziehen (IV, 9). Am dritten Tage, als Cäsar nur noch 12000 Schritte von den Germanen entfernt war, kehrten die Gesandten zurück, mit der Bitte, er möge nicht weiter vorrücken und ihnen drei Tage Waffenruhe gewähren, damit sie in dieser Zeit zu den Ubiern schicken und mit ihnen ein festes Ueberrinkommen treffen könnten. Cäsar schlägt dies ab, in der Ueberzeugung, es seien das nur Vorwände, um Zeit für die Rückberufung der Reiter zu gewinnen. Er verspricht aber, an diesem Tage nur noch 4000 Schritte aquationis causa vorzugehen (IV, 11). Darauf entspinnt sich zwischen 800 germanischen und 5000 den Legionen vorausgeschickten gallischen Reitern ein für letztere verlustvolles Gefecht (IV, 11). Indem nun Cäsar dies für einen Waffenstillstandsbruch ansieht oder wenigstens anzusehen vorgiebt, verhaftet er am folgenden Morgen die sämmtlichen zu ihm kommenden Führer der Germanen, rückt dann rasch mit den zur Schlacht geordneten Legionen 8000 Schritte bis an's feindliche Lager und überfällt die Nichts ahnenden (IV, 13, 14). Eine allgemeine Flucht beginnt; ad quos consectandos equitatum misit et quum ad confluentem Rheni et Mosae pervenissent, reliqua fuga desperata magno numero interfecto reliqui se in flumen praecipitaverunt atque ibi timore, lassitudine, vi fluminis oppressi perierunt (IV, 15). Die Römer hatten keinen Mann verloren; numerus hostium capitum CCCCXXX milium fuerat. Dies ist in kurzen Umrissen Cäsar's Erzählung. Die für die Ortsbestimmung bedeutenden Stellen habe ich wörtlich angeführt. Zunächst von Wichtigkeit sind im 8. Kapitel die Worte: Germani in fines Eburonum et Condrusorum processerant. Soll das heißen: einzelne Schaaren von Kriegern streiften in diesen Gebieten, während die Hauptmasse sich noch weiter rückwärts befand oder heißt es nach dem Wortlaut: sie, nämlich alle Germanen standen im Eburonen- und Condruserlande? Auf der verschiedenen Auslegung dieser Stelle beruhen im Wesentlichen die verschiedenen Ansichten über die Lage des Schlachtfeldes. Was die Wohnsitze der beiden Völker betrifft, so sind uns die der Eburonen im Allgemeinen bekannt. Sie reichten südlich von einer Linie, die man etwa von Roermonde an der Maas nach Düsseldorf ziehen könnte, bis über Eupen hinaus. An sie schlossen sich, auch auf dem rechten Maasufer, vielleicht am obern Laufe der Ourte bis tief in das hohe Veen die Condrusen. Hr. v. Goeler nimmt nun an, es sei die ganze Masse der Germanen hier am Eingange der Ardennen zusammengewesen. Zeit genug, dahin zu gelangen, hätten sie möglicherweise gehabt. Cäsar hatte nach seiner Ankunft aus Oberitalien erst die Häupter Galliens zusammengerufen, Reiterei ausgeschrieben und deren Ankunft abgewartet; dann erst hatte er den Feldzug begonnen, wenn auch vielleicht von Samarobriva an der Somme und nicht von den letzten Winterlagern seiner Truppen aus, die sich am linken Ufer der unteren Seine befunden hatten.[37]) Als er nun herangekommen, sei, sagt Hr. v. Goeler, die Germanen immer weiter in der Richtung nach Südosten vor ihm zurückgewichen; die Entscheidungsschlacht habe dann im Maifelde in der Nähe des Zusammenflusses von Mosel und Rhein stattgefunden. Daran schließe sich in der passendsten Weise dann gleich der erste Rheinübergang in derselben Gegend an. Was nun Hrn. v. Goeler und die übrigen Vertheidiger dieser Ansicht bestimmt, sind außer den obenangeführten Worten der Commentarien (IV, 6) noch Stellen des Dio von Halicarnassus und des Florus. Beide aber haben, wenn man sie gewissermaßen als Ergänzung oder Berichtigung der Commentarien verwenden will, sehr wenig Werth. Dio hat offenbar Cäsar's Bücher als Quelle seiner Darstellung vor sich gehabt; da er aber viel gedrängter erzählt, thut er der Condrusen nicht Erwähnung, insofern sie Schützlinge der Treviser waren, sondern nennt diese selbst, das

---

[37]) Der Kaiser (Band II, S. 175) nimmt als Beginn des eigentlichen Feldzuges etwa die 2. Hälfte des Monats Mai an.

[38]) Dio Halic. XXXIX, 47. Τεγχητηροί τε καὶ Οὐσιπέται... τόν τε Ῥῆνον διέβησαν καὶ ἐς τὴν τῶν Τρηουήρων ἐνέβαλον... κἀνταῦθα τὸν Καίσαρα εὑρόντες....

[39]) Juli Flori Epitomae I, 44. ed. Otto Jahn. Lips. 1852. Iterum de Germano Tenoteri querebantur. Hic vero iam Caesar ultro Mosalam navali ponte transgreditur ipsumque Rhenum.

Gebiet der Clienten zum Gebiete der patroni rechnend.⁴⁰) Was aber gar Florus betrifft, so braucht man nur die auf wenige Seiten zusammengedrängte Beschreibung von Cäsar's Feldzügen zu lesen, um zu der Ueberzeugung zu kommen, daß wir von ihm kein Licht für dunkle Stellen der Commentarien erwarten dürfen.⁴¹) Doch gehen wir weiter. Denken wir uns einmal die Teutschen im Lande der Condruser. Cäsar rückt allmählig von Westen heran; also etwa die Sambre hinab, südlich von Namur über die Maas gehend. Von hier an mußte er also die Feinde immer weiter nach Osten zu vor sich herdrängen, wenn die Schlacht wirklich auf dem Maifeld geliefert sein soll. Der Weg ging durch das hohe Veen und die Eifel. Nun vergegenwärtigen wir uns den deutschen Heereszug; 340000 Menschen, Männer, Weiber, Kinder waren sie ausgezogen mit allen ihren Habseligkeiten; sie mußten wenigstens 20—30000 mit Pferden oder Ochsen bespannte Karren mit sich führen. Wir haben es also hier mit einer außerordentlich schwerfälligen Masse zu thun, die noch dazu gar nicht einmal von einem einzigen durch Thatenruhm oder Einsicht einflußreichen Führer gelenkt wurde. Wie sollte diese Masse nun Unterhalt in jenen Gegenden gefunden haben, in Gegenden, die noch jetzt zu den ödesten und unwirthbarsten unseres Vaterlandes gehören, in denen damals sicher nur an geschützten Orten einzelne Höfe oder Dörfer der Trevirer lagen. Und hinter ihnen, nachsetzend das römische Heer. Das war doch sicher eine der denkwürdigsten Begebenheiten, die Cäsar während aller seiner Feldzüge in Gallien erlebte. Und davon sollte er kein Wort gesagt haben? Er verschweigt Vieles, sagt man; richtig, aber nur das, was als gewöhnlich oder selbstverständlich ihm nicht der Erwähnung werth schien. Ein solcher Marsch aber wäre doch sicher nichts Gewöhnliches gewesen, ein ungeheurer Volksstamm im öden Berglande, gejagt von seinem Heere!.. Sicher wäre es auch nicht ohne mancherlei Gefechte abgegangen. Und auch davon hätte er Nichts gesagt? Das

---

⁴⁰) Sehr ausführlich handelt über beide Stellen Dederich in seiner Geschichte der Römer und der Teutschen am Niederrhein, Emmerich 1854. S. 19—23.

⁴¹) Verlockend war natürlich für die, welche die Schlacht in das Maifeld verlegen, sein „Mosulam oder Mosellam". Mir ist es aber unbegreiflich, wie man von diesem Schriftsteller, der in großer Kürze und dabei im rhetorischen Tone die Ruhmesthaten der Römer schildert, hier irgend eine Unterstützung erwarten kann. Sehen wir uns nur die erste beste Stelle an. I, 44 heißt es, die Helvetier wollen auswandern, und dann weiter: sed petito tempore ad deliberandum, quum inter moras Caesar Rhodani ponte rescisso abstulisset fugam, statim bellicosissimam gentem sic in sedes suas quasi gregem in stabulum pastor reduxit. Das ist die Schilderung des ganzen Helvetischen Krieges und noch dazu eine durchaus verwirrte! Aus den quadraginta milia hominum, die bei der Erstürmung von Avaricum umkamen (Caes. B. G. VII, 28) macht er quadraginta milia propugnantium. Liest man außerdem, wie bunt er die Begebenheiten des siebenten Kriegsjahres durcheinanderwirft, so wird das Uebrige in derselben Art. Noch dazu findet sich in unsrer Stelle eine grobe Unrichtigkeit, die Verwechslung von Ubiern und Tenchtherern. Ueber die geringe Bedeutung des Florus als Geschichtsquelle hat sich ausführlich und vortrefflich ausgesprochen Otto Jahn in der Praefatio zu seiner Ausgabe. p. 46 sq.

ist schon an und für sich nicht glaublich. Daß aber ein solcher Marsch überhaupt nicht gemacht ist, davon haben wir einen ganz sicheren Beweis. Cäsar hat die Gewohnheit, wo ein Volk, ein Land, ein Gebirge, ein Fluß zuerst bedeutungsvoll in seinen Gesichtskreis eintritt, uns eine kürzere oder längere Beschreibung davon zu geben. So erhalten wir im Anfange des ersten Buches genauere Nachrichten über die Wohnsitze der Helvetier, bevor er die Darstellung des Helvetischen Krieges beginnt; I, 12 wird uns der Lauf des Arar, I, 38 die Lage von Besontio geschildert[41]), III, 12 die Lage der venetischen Städte in dem Augenblicke, wo er sie angreifen will. IV, 1 erzählt er, die Usipeter und Tencktherer seien nach Gallien hinübergegangen, gedrängt von den Sueven, und sogleich erhalten wir über dieses Volk ausführliche Mittheilungen. IV, 9 schicken die Usipeter und Tencktherer ihre Reiterei über die Maas; gleich knüpft sich daran eine Beschreibung des Laufes von Maas und Rhein. Auch über die silva Arduenna (d. h. über Eifel und Ardennen) erhalten wir Angaben, — aber wo? Nicht hier, sondern im sechsten Buche (c. 29) in dem Augenblicke, wo er mit seinem Heere durch dieses Gebirge ziehen will. Es ist dies allein, nach meiner Meinung ein vollgültiger Beweis, daß weder die Germanen noch Cäsar im Jahre 55 diesen Weg genommen haben. Die Vertheidiger der Ansicht, die Schlacht sei in der Nähe von Koblenz geliefert, führen noch einen andern Grund für sich an. Im sechsten Buche (c. 9) heißt es, daß Cäsar die zweite Brücke paulum supra eum locum, quo ante exercitum traduxerat, instituit. Da nun nach dem Urtheile der meisten Forscher diese zweite Brücke im Neuwieder Becken lag, — so schließt man, daß diese erste „ein wenig unterhalb," also etwa in der Gegend von Neuwied gelegen habe. Da ferner Cäsar von einem Marsche vom Schlachtfelde nach dem Uebergangsorte Nichts sagt, so sei anzunehmen, daß beide dicht zusammengelegen, also die Schlacht in der Rheinebene zwischen Koblenz, Mayen und Neuwied geliefert sei. Was das Letzte betrifft, d. h. die Nichterwähnung des Marsches, so hat das an und für sich nicht viel Beweiskraft; die Commentarien sind nun einmal kein Marschregister. Schließen kann ich daraus nur, 1) daß die zu durchziehende Wegstrecke nicht sehr groß war, 2) daß auf dem Marsche nichts Außerordentliches vorgefallen ist. Setzt man freilich das Schlachtfeld in das Maifeld, dann ist man gezwungen, auch den Rheinübergang in diese Gegend zu verlegen. Von größerer Bedeutung aber ist hier das Wort paulum. Es hat dasselbe an dieser Stelle eine fast entscheidende Wichtigkeit. Da wir nämlich im Stande sind, die Lage der zweiten Brücke mit annähernder Genauigkeit zu bestimmen,[42]) so handelt es sich darum, zu wissen, welche und wie große Entfernungen ich durch „paulum" ausdrücken kann. Bin ich genöthigt, mir darunter 1, 2, vielleicht 3 oder 4 Stunden zu denken, oder nicht mehr? Es ist erklärlich, daß die Ansichten darüber weit auseinandergehen, da Jeder nach seiner Meinung von der Lage der ersten Brücke einen engeren oder umfassenderen Sinn annimmt. Insbesondere ist Hr. v. Cohausen gezwungen, sich darüber auszu-

---

[41]) In derselben Weise wird uns II, 5 der Fluß Arona, III, 12 der Sabis genannt.
[42]) Man vergleiche den folgenden Abschnitt.

sprechen.⁴⁴) Darauf hat Herr Prof Ritter ausführlich geantwortet.⁴⁵) Hr. v. Cohausen sucht nämlich nachzuweisen, daß paulum auch für ziemlich bedeutende Entfernungen gesetzt werden könne; er führt Beispiele aus Cäsar an, in denen zwar nicht das fragliche Wort, aber gleichbedeutende Ausdrücke angewendet werden für uns bekannte Strecken. Nach II, 35 legt Cäsar seine Legionen zu den Carnuten, Anden und Turonen, quae civitates propinquae erant his locis, ubi bellum gesserat. Da er nun, sagt Hr. v. Cohausen, bei den Nerviern Krieg geführt hatte, und diese Gegenden an der unteren Loire 340 milia passuum davon entfernt lagen, ergebe es sich, daß propinquae hier für 340 römische Meilen gesetzt werde. Nach IV, 1 überschreiten die Usipeter und Tenchtherer den Rhein non longe a mari, quo Rhenus influit. Dieser Uebergangspunkt, vor der Trennung von Rhein und Waal liege wenigstens 90 milia passuum von der Rheinmündung; daraus folge, daß paulum ebenso wie diese verwandten Ausdrücke wohl eine Entfernung von 90 milia passuum — so weit liegen nämlich Neuwied und Xanten, wohin er den ersten Rheinübergang setzt, auseinander — bezeichnen können. Cäsar, fügt er hinzu, vermeide, wo die Entfernungen so klein seien, daß er sie leicht in Schritten angeben könne, solche unbestimmte Ausdrücke.⁴⁶) In welcher Weise Hr. Ritter Hrn. v. Cohausen in Bezug auf Auffassung der ersten der angeführten Stellen zu widerlegen sucht, mag man bei ihm selbst nachlesen; er findet in dem „propinquae" eine große Schwierigkeit und sucht sie zu beseitigen durch Einfügung des Namens Crassus in den Relativsatz, so daß derselbe lauten würde: „ubi Crassus bellum gesserat." Er hat dabei den Kaiser als Vorgänger der⁴⁷) sagt: „Diese Stelle ist allgemein falsch erklärt worden. Man muß den von den Abschreibern vergessenen Namen des Crassus einfügen; denn wenn Anjou und Touraine in der Nähe der Normandie und Bretagne liegen, wo Crassus Krieg geführt, so sind sie doch weit von der Sambre und Maas entfernt, wohin Cäsar den Kriegsschauplatz verlegt hatte." Mir ist die Stelle nie schwierig erschienen und man kann sie, glaube ich, sehr einfach erklären, ohne ein Wort — was doch immer sehr bedenklich ist, wo die Handschriften gar keinen Anhalt bieten — einzuschieben. Cäsar hatte in diesem Jahre in zwei Gegenden Krieg geführt, er persönlich in Gallia Belgica, durch seinen Legaten P. Crassus in der Normandie und Bretagne. Seine Absicht war es nun, seine Truppen in der Nähe der unterworfenen Landschaften zu behalten als eine beständige Drohung; zugleich mußten diese Ge-

---

⁴⁴) Rhein. Jahrb. Heft 43, S. 10.
⁴⁵) Rhein. Jahrb. Heft 44, S. 40—50.
⁴⁶) Als Beispiel führt er VI, 35 an, wo erzählt wird, daß die Sigambrischen Reiter triginta milia passuum unterhalb der letzten Brücke über den Rhein gehen, weil diese Entfernung geringer sei als der Abstand beider Brücken von einander. Hätten, fügt er hinzu, beide Brückenstellen oberhalb des Sigambrischen Ueberganges gelegen, so würde er besten Entfernung von der unteren Brücke, und wenn beide wirklich nur wenig auseinanderlagen, einen mittleren Abstand von jenem Uebergange genannt haben.
⁴⁷) C. Cäsar. B. II, S. 116. Anm.

geben aber auch genügenden Unterhalt für seine Truppen bieten. Am geeignetsten in beiden Beziehungen waren die kornreichen Länder an der mittleren Loire. Was aber den Kampfplatz in Gallia Belgica betrifft, so haben wir dabei nicht blos an die ferne Maas und Sambre zu denken. Belgiens Grenzen sind Seine und Marne, und für den Augenblick waren die mächtigen Bellovaker an der unteren Seine und die Suessionen an Aisne und Oise ihm gewiß viel bedrohlicher, als die durch schwere Schläge sehr geschwächten Nervier, Atrebaten, Veromanduer und Atuatuker. Cäsar will, mit einem Worte, ganz Nordgallien von der Westküste der Bretagne bis an die Maas im Zaume halten. Zu dem Zwecke legt er seine Truppen in den Norden von Gallia Celtica, einen Theil zu den Carnuten, die zwischen Seine und Loire wohnten, also etwa nach Orleans, zwei andere Abtheilungen westlich davon. Tritt hier nicht seine Absicht klar zu Tage? Brachen in Belgien Unruhen aus, so stand in wenigen Tagen die Hälfte seines Heeres an der Seine; dasselbe geschah, wenn es im Westen unruhig wurde. Außerdem kann man sich hierbei den Schluß des ersten Buches zurückrufen. Nach dem Kriege mit Ariovist legte er sein Heer zu den Sequanern, also in den Südosten Galliens; in diesem Winter aber, will er sagen, ließ ich sie in der Nähe des letztjährigen Kriegsschauplatzes stehen. Daraus schrumpfen denn auch die 340 römischen Meilen des Hrn. von Cohausen gewaltig zusammen; den Belgiern benachbart sind die Carnuten, den civitates maritimae aber die Anden und Turonen. Anders ist es mit der zweiten von Hrn. v. Cohausen angeführten Stelle: non longo a mari (IV, 1). Hierzu meint Hr. Ritter, Cäsar habe wahrscheinlich nicht genau gewußt, wie weit Emmerich**) vom Einfluß des Rheins in's Meer entfernt gewesen, oder man habe die nach Vereinigung mit der Waal außerordentlich breite Maas in ihrem unteren Laufe schon als Meer angesehen. Wir wissen nun zwar, daß Cäsar über das Verhältniß des Rheins zur Maas vom Ausfluß der Waal an, weil er nie in jenen Gegenden sich aufgehalten, unklare Vorstellungen gehabt hat (IV, 10); trotzdem kann er die Entfernung von Emmerich bis zum Meere recht wohl erfahren haben. Hierüber bedurfte es nur einer einfachen Frage und auf eine solche konnte er im Menapierlande recht wohl eine verständliche Antwort erhalten. Cäsar kann sich also wohl unter dem non longo a mari eine Strecke von 60—80,000 Schritten gedacht haben. Meine Ansicht über die Sache ist kurz folgende: paulum, non longo und ähnliche Ausdrücke sind Verhältnißbegriffe; es kommt deshalb ganz einfach auf das Ganze an, zu dem ich sie in Beziehung bringe. Ein Verlust von 50 Mann in der Schlacht ist für einen Manipel sehr bedeutend, für eine Legion sehr gering. Paulum heißt: „ein Weniges" und nichts Anderes; wie viel aber das Wenige ist, hängt von der Auffassung des einzelnen Schriftstellers ab und, wie oben bemerkt, von der Größe des Ganzen, das er im Sinne hat. Im vorliegenden Falle können wir das „paulum" wohl ziemlich weit ausdehnen. Cäsar stellt sich hier den ganzen

---

**) Ich nenne diese Stadt nur, um mit einem Worte die Gegend zu bezeichnen, in der aller Wahrscheinlichkeit nach die Usipeter und Tenchtherer den Rhein überschritten haben.

Lauf des Rheines bei Augen, des mächtigen Stromes, der „longo spatio" durch das Gebiet vieler Völker citatus fertur (IV, 10) und im Verhältniß dazu ist das übrigbleibende Stück bis zum Meere ein „paulum." Freilich hat ein solches paulum seine Grenzen. Fraglich ist es auch mir, wie Hrn. Ritter, ob Cäsar eine Strecke von etwa 16 Meilen d. h. die Entfernung von Neuwied bis Xanten so bezeichnet haben würde, da er hier natürlich nicht, wie in der andern Stelle, als Gegensatz den ganzen Strom im Sinne hatte. Doch darauf kommen wir weiter unten zurück. Nach dem Gesagten aber, denke ich, sind wir wohl berechtigt, unter paulum uns eine Strecke von 6, 7, 8 deutschen Meilen zu denken, sind also nicht genöthigt, wenn wir den zweiten Rheinübergang in das Neuwieder Becken setzen, auch den ersten dahin zu verlegen. Also auch dies ist für die Ansicht des Hrn. v. Goeler gar nicht entscheidend. Dann wird noch dafür angeführt eine Stelle im zehnten Kapitel des vierten Buches. Die Gesandten der Usipeter und Tenchtherer erklären dem Cäsar, sie wollten seinen Vorschlag, sich im Lande der Ubier anzusiedeln, annehmen, si eorum principes jureiurando fidem fecissent. Potestatem sibi facerot in Ubios legatos mittendi. Ad has res conficiendas sibi tridui spatium daret. Mochte es damit den Germanen voller Ernst sein, mochten sie, wie Cäsar glaubt, es nur verschätzen, um Aufschub zu gewinnen, sicher war die Frist, die sie verlangten, eine solche, daß sich die Sache darin möglicherweise fertig bringen ließ d. h. daß Gesandte zu den Ubiern gehen, mit dem versammelten Senate derselben verhandeln und wieder in's germanische Lager zurückkommen konnten. Daraus muß also geschlossen werden, daß dieses Lager nicht weit vom Rheine und zwar dem Lande der Ubier ziemlich nahe gestanden hat. Diesen Bedingungen würde nun vollständig genügt sein, wenn man die Schlacht in das Maifeld verlegt, dem gegenüber auf dem rechten Ufer die Ubier saßen. Aber wie sehr auch, wenn alles Uebrige uns auf das Maifeld wiese, diese Stelle eine wesentliche Bestätigung der Ansicht sein würde, so wenig nöthigt sie uns, da das nicht der Fall ist, an und für sich, diese Gegend als Schlachtfeld anzunehmen; wir werden später sehen, wie noch andere Punkte den Bedingungen entsprechen. Das sind im Wesentlichen die Gründe, die Hr. v. Goeler für seine Ansicht angeführt hat. Aus dem von mir Gesagten geht, denke ich, zur Genüge hervor, daß derselben die bringendsten Bedenken entgegenstehen, daß aber Alles, was dafür spricht, durchaus nicht entscheidend ist; danach kann ich sie nicht für die richtige halten. Was aber Hrn. v. Goeler und die Gleichdenkenden, die doch sicherlich z. B. in Bezug auf den Marsch der beiden Heere durch die Eifel, ihre Bedenken auch gehabt haben, dahin gebracht trotzdem bei ihrer Behauptung zu beharren, das sind die Schwierigkeiten, in die wir gerathen, wenn wir einen andern Punkt als Schlachtfeld annehmen wollen. Dieser zweite Punkt muß nach den Commentarien in der Nähe der confluens Mosae et Rheni liegen (IV, 15), also weit unten am Niederrhein. Daran schließt sich dann gleich die Frage: wo ist gleich nach der Schlacht Cäsar über den Rhein gegangen? Der Kaiser sowohl, als Hr. v. Cohausen setzen das Schlachtfeld ungefähr in dieselbe Gegend, gehen dann aber in Bezug auf die Bestimmung des Uebergangspunktes wieder auseinander.

Es lohnt sich wohl der Mühe, etwas näher auf die Sache einzugehen. Ich knüpfe wieder an das im sechsten Kapitel Erzählte an: Germani latius vagabantur et in fines Eburonum et Condrusorum pervenerant. Diese Worte legen nun der Kaiser und Hr. v. Cohausen so aus: die Germanen hatten den Winter es sich in den Wohnungen der Menapier wohl sein lassen und von den Vorräthen derselben gezehrt (IV, 4). Aufgefordert von den Galliern begannen sie im Frühjahr sich zu sammeln, um auf dem für eine große, schwerfällige Volksmenge allein möglichen Wege am rechten Ufer der Maas[49]) in das Innere Galliens zu gelangen. Während die Hauptmasse sich allmählich in den Gegenden, wo sie überwintert hatte, sammelte, waren bereits rüstige Haufen gleichsam recognoscirend weiter nach dem Süden vorgerückt. Wir sehen, daß hier gleich Anfangs etwas frei übersetzt werden muß; aus dem vagabantur müssen wir herauslesen, daß wir es nicht mit dem ganzen germanischen Völkerzuge zu thun haben; und doch erweist sich dies bei einer näheren Prüfung der Verhältnisse als das Richtige. Die Germanen b. h. neben etwa 90000 Waffenfähigen, Jünglingen und Männern, noch 250,000 Weiber, Kinder, Greise mit vielen Tausenden von Karren konnten natürlich an einen Aufbruch nicht denken, bevor Eis und Schnee von den Feldern verschwunden, der Boden ausgetrocknet, und genügende Futtervorräthe sich in Wiese und Wald fanden; außerdem lag für sie gar kein Grund einer außerordentlichen Eile vor. Sie haben sich also sicher erst allmählich an dem von den principes bezeichneten Sammelplatze eingefunden. Eben so natürlich war es freilich, daß rüstige Haufen, sei es um die Wege zu erkunden, sei es der Beute wegen, vorausgegangen waren. So hatten sie auch praedandi frumentandique causa ihre Reiterei über die Maas zu den Ambivariten geschickt. Nehmen wir die Zeitrechnung des Kaisers als richtig an,[50]) so war es damals Mitte Mai oder etwas später, also eben die Zeit, wo die große Masse an ein Vorgehen denken konnte. Damals gerade rückte Cäsar heran; auf welchem Wege dies geschah, erfahren wir aus den Commentarien nicht. Der Kaiser läßt ihn von Samarobriva an der Somme über Cambray, Bavay, Charleroy, Longern, Mastricht gehen und dort die Maas überschreiten, Herr v. Cohausen dagegen zunächst der Wasserscheide zwischen Sambre und Maas folgen und sodann zwischen Dinant und Lüttich den Uebergang bewerkstelligen. Ich möchte mich für letztere Marschrichtung entscheiden, weil sie Cäsar gerade vor die vorgedrungenen Haufen der Germanen brachte, die bei seinem Weiterrücken am rechten Maasufer sich allmählich auf die Hauptmasse zurückzogen. Ein Marsch über Mastricht würde die südlicher stehenden Abtheilungen der Germanen abgeschnitten haben und das hätte uns wohl Cäsar nicht verschwiegen. Nun läßt Hr. von Cohausen Cäsar immer nordwärts weiter ziehen. Die Etappenorte des rechten Maasufers, sagt er, abwärts der Geul, welche wir aus dem Itinerarium Antonini kennen, lassen sich ungezwungen

---

[49]) Natürlich konnten sie nicht hoffen, im Angesichte der Menapier und Nervier über die untere, schon recht breite Maas zu setzen mit Weib und Kind und zahllosen Karren.

[50]) Und jede andere, die Sachlage und Cäsar's Erzählung von seiner eigenen Thätigkeit berücksichtigende Rechnung würde höchstens um einige Tage von derselben abweichen.

dem Marsche Cäsars unterliegen und die durchzogene Gegend erklärt wieder manche Einzelheit seiner Erzählung.³¹) Die Usipeter und Tenchtherer rühren sich nicht; sie lagern an der in die Maas gehenden Niers, in fruchtbarer und wasserreicher Gegend. Cäsar rückt allmählich vorwärts. Er durchzog die Haidegegend, die auf Meilenbreite das rechte Maasufer begleitet. In Theuduram etwa (Tüddern) empfing er die erste Gesandtschaft der Deutschen (c. 7); drei Tage nachher bei Sablones (Kloster Graefenthal) die zweite (c. 11), der er verspricht, nur noch 4000 Schritte weiter vorzurücken aquationis causa d. h. bis Mediolanum in der Niederung der Niers.³²) Am folgenden Tage findet dann 8000 Schritte weiter der Ueberfall der Germanen bei Wissen oder Goch statt. In Bezug auf den letzten Theil des Marsches und auf das Schlachtfeld findet volle Uebereinstimmung zwischen dem Kaiser und Hrn. v. Cohausen statt. Es läßt sich auch nicht läugnen, daß Alles bis hieher bei freilich sehr unvollständigen Erzählung Cäsars nicht nur vollständig entspricht, sondern derselben auch eine große Anschaulichkeit giebt. Aber nun beginnen die Schwierigkeiten. Cäsar's Reiter verfolgen die versprengten Germanen usque ad confluentem Mosae et Rheni, wo dieselben (c. 15) beim Versuche des Durchschwimmens sämmtlich zu Grunde gingen. Was ist hier unter dem Zusammenfluß von Maas und Rhein zu verstehen, da bekanntlich beide Flüsse nicht zusammenströmen und nie zusammengeströmt sind? Daß ein Arm des Rheins in die Maas geht, sagt Cäsar selbst; er kennt auch dessen Namen Vacalus (Waal). Was ist nun hier unter dieser „confluens" zu verstehen? Es kann mir nicht in den Sinn kommen, mich hier weitläuftig über eine Frage auszulassen, über die, besonders von genauen Kennern der unteren Rheingegenden schon viel geschrieben ist.³³) Alle Forscher kommen schließlich zu dem Ergebniß, Cäsar habe über den unteren Maas- und Rheinlauf und über die Verbindung beider Flüsse und ihre Mündungen eine irrige Ansicht gehabt. Es erklärt sich das leicht. Cäsar war niemals auf der später so oft genannten Insel der Bataver; was er davon wußte, konnte er nur durch mündliche Berichte von Menapiern und Batavern erfahren haben. Dabei lag natürlich die Möglichkeit von Mißverständnissen sehr nahe, besonders wenn wir uns vergegenwärtigen, wie in einer Zeit, wo man an Dämme noch nicht denken konnte, diese Gegend von Flußläufen mag durchzogen gewesen sein. Sehe man in dieser Beziehung nur die bekannte Stelle im Anfange des zehnten Kapitels an, die ein Kreuz aller Ausleger gewesen ist; zu einer sichern Lesart wird man da niemals gelangen können, weil wir wohl sagen können, daß

---

³¹) Rhein. Jahrb. Heft 43, S. 46 und 47.
³²) Man vergleiche über diese späteren römischen Stationen des Oberlieutenants F. W. Schmidt hinterlassene Forschungen über noch vorhandene Reste von Römerstraßen ꝛc. in den Rheinlanden, bearbeitet von G. Schmidt, Major a. D. Bonn 1861. S. 124 ff. Coriovallum, Theuduram, Mederiacum, Sablones, Mediolanum in der Nähe von Geldern). — Die Niers ist zwischen Maas und Rhein hier weit und breit das einzige fließende Wasser.
³³) Außer dem, was Hr. v. Cohausen (Rhein. Jahrb. Heft 43, S. 8 und S. 47 ff.) sagt, ist besonders zu vergleichen: Oederich Geschichte der Römer und Deutschen am Niederrhein. Emmerich 1851.

Cäsar geirrt habe, aber nicht, worin er geirrt habe. Es liegen nun mehrere Möglichkeiten einer Lösung der obenerwähnten Schwierigkeit vor. Der Kaiser nimmt als confluens Mosae et Rheni die Stelle an, wo die Waal b. h. also ein Arm des Rheins sich mit der Maas vereinigt; diesen Vereinigungspunkt setzt er mehrere Meilen östlich von dem jetzigen (Gorkum), nämlich bei St. Andreas und es ist wahrscheinlich, daß er mit dieser Annahme Recht hat. Von Xanten abwärts hat der Rhein sehr häufig sein Bett verändert; es steht unbedingt fest, daß sein Hauptarm zu Cäsars Zeit dicht am Fuße des Höhenzuges strömte, der von Xanten nördlich bis über Kleve sich hinzieht,[34]) so daß noch viel später Castra vetera, Quadriburgium, Arenatium an seinem Ufer lagen. Die Waal trennte sich gleich unterhalb Kleve von ihm und vereinigte sich dann einige Meilen weiter abwärts mit der Maas. Eine andere Lösung giebt Doederich. Er nennt confluens Mosae et Rheni den Punkt, wo Waal und Rhein sich trennen, so daß er annimmt, Cäsar's nur aus der Ferne beobachtenden Reiter hätten die Waal für eine Fortsetzung der Maas gehalten. Eine dritte endlich giebt Hr. v. Cohausen. Cäsar's Reiter, sagt er, verfolgten die fliehenden Germanen nördlich von Goch und kamen dabei in den damals fast den ganzen Raum zwischen Maas und Rhein erfüllenden Reichswald. Von den vorderen Höhen desselben, beim heutigen Cranenburg etwa, sahen sie wie von einem Vorgebirge auf der Ostseite die mächtigen Fluthen des Rheines dem Berge sich nähernd, im Westen die Maas, alle Vertiefungen erfüllend. So mußte in ihnen der Gedanke aufkommen, daß sie dicht an dem Vereinigungspunkte beider Ströme seien, besonders da der dichte Wald allen Fernblick hemmte. Am wenigsten gefällt mir die Ansicht des Kaisers, weil es doch wohl das Wahrscheinlichste ist, daß die Flüchenben nach der Richtung hin Rettung gesucht haben, von wo sie in das Land eingedrungen waren, wo sie Aufnahme bei befreundeten Völkern hoffen durften, also nach Norden oder Nordosten. Die beiden anderen Vorschläge gehen mehr in Bezug auf die Art und Weise, wie sie den Ausdruck confluens erklären wollen, auseinander, als in Bezug auf die Stelle, wo derselbe zu suchen ist; diese Stelle ist die Gegend des jetzigen Kleve. Welcher aber von den beiden Versuchen nachzuweisen, wie Cäsar's Reiter zu der irrigen Meinung gekommen sind, die größere Wahrscheinlichkeit für sich hat, wage ich nicht zu entscheiden. Es sind aber gerade diese Worte „confluens Mosae et Rheni" und die Schwierigkeit, ja sogar scheinbare Unmöglichkeit, sie mit den wirklichen geographischen Verhältnissen in Einklang zu bringen, welche Hrn. v. Goeler und andere Forscher zu der Ansicht gebracht haben, es sei hier für Mosae „Mosellae" zu lesen und der Kriegsschauplatz an den Mittelrhein zu verlegen. Abgesehen davon, daß die Handschriften hierfür nicht den geringsten Anhalt bieten, ist oben durch zwingende sachliche Gründe die Unhaltbarkeit derselben wohl zur Genüge nachgewiesen.

Aber es zeigen sich noch einige andere Schwierigkeiten. Die Deutschen hatten, wie Cäsar erzählt, ihre Reiterei, um Beute zu machen und Getreide zu holen, über die Maas b. h. auf das

---

[34]) Vgl. besonders Doederich.

linke Ufer derselben zu den Ambivariten geschickt. Wo wohnen dieselben? trans Mosam. Weiter wissen wir von ihnen Nichts; denn sie werden nur hier genannt. Darum haben denn nun die verschiedenen Forscher ihnen einen Platz angewiesen, der ihnen nach Cäsar's Erzählung der geeignetste zu sein schien. Der Kaiser setzt sie südlich von den Peeler Sümpfen, westlich von Roermonde und Venlo, Hr. v. Goeler dagegen sehr weit südlich an das linke Ufer der Maas vor ihrer Vereinigung mit der Sambre, westlich von Dinant und Givet. Hr. v. Goeler rückt dieselben soweit maasaufwärts gemäß seiner Ansicht, daß damals die große Masse der Germanen im Lande der Eburonen und Condruser stand. Denken wir uns das einen Augenblick als richtig, so mußte ja Cäsar bei seinem Vormarsch von Samarobriva her zuerst auf diese Reiterei stoßen und sie auf die Hauptmasse zurückwerfen; auf keinen Fall aber konnte Cäsar's Vorrücken ihnen verborgen bleiben. Auch die Annahme des Kaisers hat ihre Schwierigkeiten. Mag nämlich Cäsar nach ihm bei Mastricht, nach Hrn. v. Cohausen weiter oberhalb die Maas überschritten haben, so zog er nun an dem linken Ufer derselben hinunter in mäßigen Tagemärschen.[55]) Vor sich her drängte er die nach Süden vorgegangenen Abtheilungen der Germanen. Diese wußten also seit mehreren Tagen, selbst bevor ihre erste Gesandtschaft zu Cäsar kam,[56]) daß das römische Heer im Anrücken sei. Warum schickten sie nicht gleich Boten in das Land der Ambivariten, die ja gleich jenseits der Maas wohnten? Sie konnten ihre Reiter in einem Tage zurückholen und selbst wenn dieselben sich weithin zerstreut hatten, so konnte doch ein großer Theil derselben herbeigerufen werden. Danach scheint nur übrig zu bleiben, daß wir entweder die Ambivariten weiter westlich setzen und sie der Schelde nähern oder daß wir annehmen, die Reiterei sei von da an weiter zu den Menapiern und Nerviern geschweift. Ebenso läßt uns Cäsar im Dunkeln über die Art und Weise, wie diese Reiterei nachher zu den Sigambrern gekommen ist; er sagt nur, daß sie nach der Niederlage der Ihrigen sich dahin gerettet haben.[57]) Sie müssen also etwa bei Roermonde über die Maas gegangen und von da gerade auf den Rhein zu gezogen sein. Hatte denn, fragt man, Cäsar nach der Schlacht an der Niers gar Nichts gethan, sie abzuschneiden, indem er das rechte Maasufer besetzte? Zeit dazu würde er allem Anschein nach gehabt haben. Wenn er seiner b. h. der gallischen Reiterei nicht traute, so waren doch seine Legionen durch den letzten Kampf gar nicht mitgenommen, wie z. B. nach der Schlacht bei Bibracte gegen die Helvetier (I, 26) oder nach der gegen Ariovist (I, 53). Aber, wie gesagt, wir erfahren darüber Nichts.

---

[55]) Die Stationen, wie sie Hr. v. Cohausen als Ziele der einzelnen Märsche annimmt und auch mit gutem Grunde annehmen kann, haben nach dem Itinerarium Antonini eine durchschnittliche Entfernung von 7—10 Leuken, also die Leuke zu 1500 passus gerechnet, 2—3 deutsche Meilen.

[56]) Hr. v. Cohausen nimmt Tüddern (Teudurum), einen ganzen Tagemarsch südlich von Roermonde als den Ort an, wo Cäsar dieselbe empfangen habe.

[57]) post fugam suorum se trans Rhenum in fines Sugambrorum recuperat seque cum iis coniunxerat.

Eine Schwierigkeit ruft hier auch die Erwähnung der Ubier hervor. c. 11 bittet die zweite Gesandtschaft der Germanen um drei Tage Waffenstillstand, damit sie in dieser Zeit von den prinoipes und dem Senate der Ubier volle Gewährung von Sicherheit erlangen könnten. Cäsar hält das zwar wieder nur für einen Vorwand, um Aufschub zu erlangen; es muß aber doch die Möglichkeit vorgelegen haben, in drei Tagen dieses Vorgeschütze wirklich zu vollführen d. h. in drei Tagen mußten Abgeordnete zu den Ubiern hingehen, mit den Fürsten derselben verhandeln und wieder im Lager zurücklein können. Die Ubier wohnten nach Cäsar's Angaben den Trevirern gegenüber und nördlich von ihnen die Sigambrer. Wir werden ihre Nordgrenze höchstens bis etwa Cöln gegenüber rheinabwärts rücken dürfen. Sollten da drei Tage genügt haben, um von der Niers bis Bonn zu kommen, über den Rhein zu setzen, die Oberhäupter zusammenzurufen, mit ihnen zu verhandeln und dann wieder nach der Niers zurückzukehren? Nach dem Itinerarium Antonini und der Peutinger'schen Tafel ist auf der spätern römischen Heerstraße die Entfernung von Bonna bis Novesium (Reuß) 28, von Novesium bis Arenacium (bei Cleve) 39 Leuten; die germanischen Abgeordneten hätten also bis zu den Rheinufern den Ubiern gegenüber wenigstens 67 Leuken d. h. etwa 20 deutsche Meilen gehabt. Wenn wir nun daraus allein einen Schluß ziehen wollten, so könnte das germanische Lager nicht so weit nördlich gelegen haben. Und doch dürfen uns alle diese Schwierigkeiten und Bedenken nicht beirren. Das Wesentliche bleibt immer der „confluens Mosac et Rheni." Mag hier, wie schon oben bemerkt, der Zusammenfluß von Maas und Waal, oder der Trennungspunkt von Rhein und Waal oder endlich die scheinbare Vereinigung von Maas und Rhein gemeint sein, immer werden wir damit an den Niederrhein, in die nordwestliche Ecke der preußischen Rheinprovinz gewiesen. Es verschwinden aber auch jene obenerwähnten Schwierigkeiten, wenn wir uns die Erzählung Cäsar's an dieser Stelle etwas näher ansehen. Bekanntlich nannten schon Cäsars Gegner im Senate, besonders Cato (Plutarch Caes. c. 22. Cato c. 51. Sueton v. Caes. c. 24.) sein Benehmen gegen die Deutschen ein treuloses und verlangten zur Sühne seine Auslieferung an dieselben. Alle Fragen, die sich auf die sittliche Beurtheilung dieser Begebenheit beziehen, ob Cäsar hier treulos gehandelt oder im guten Glauben, ob die Germanen absichtlich den Waffenstillstand gebrochen oder ob der Angriff der Reiter nur ein zufälliges Ereigniß gewesen, gehören an und für sich nicht in diese Arbeit, die sich nur mit der Bestimmung des Schauplatzes der Ereignisse beschäftigt; aber gerade zu diesem Zwecke möchten die folgenden Bemerkungen nothwendig sein. Cäsar durfte keinen Einbruch der Germanen in Gallien dulden. Er wußte, daß es im ganzen Lande gähre; jeden Augenblick konnten im Innern bedenkliche Aufstände ausbrechen; er mußte eilig und kräftig die Eingedrungenen niederwerfen. Aus dem Jahre 58 aber wußte er, daß eine offene Feldschlacht gegen Germanen, besonders gegen eine weit überlegene Masse, kein Kinderspiel sei. Jede noch so unbedeutende Schlappe aber, die er selbst erlitt, ja sogar ein unentschiedenes Treffen mußte bei dem ihm bekannten Charakter der Gallier einen gewaltigen Brand in seinem Rücken erregen. Seine gallische Reiterei aber war gewiß zum größten Theile aus nationalen Gründen sehr unzuverläſſig. War es zu verwundern, wenn er in dieſer bedenklichen Lage, ich will nicht ſagen, wirklich treulos verfuhr, aber wenigſtens zu Handlungen überging, die wir wohl nicht ganz ehrenhaft nennen können. . Da mußte es denn nun, um ſein Benehmen zu rechtfertigen, ſeine Aufgabe ſein, die Germanen als Leute darzuſtellen, die von Anfang an nur geſucht hätten, ihn zu hintergehen, die alle Unterhandlungen nur zum Scheine angeknüpft. Ihre Bitten um Waffenſtillſtand haben darnach in ſeinen Augen nur den Zweck, Zeit zur Heranziehung ihrer Reiter zu bekommen; die Unterhandlungen mit den Ubiern werden nur vorgeſchützt; ſie haben abſichtlich den Waffenſtillſtand gebrochen und heuchleriſch kommen dann ihre principes, um ſich zu entſchuldigen. Sehen wir uns aber die Ereigniſſe an, ohne die eigenthümliche Beleuchtung, die ihnen Cäſar giebt, ſo bleibt etwa Folgendes.

Die Germanen ſind von den Sueven gedrängt über den Rhein gekommen, um ſich andere Wohnſitze zu ſuchen. Sie erfahren, daß ihnen Cäſar, der Feldherr des mächtigen Römervolkes, der Beſieger des Arioviſt, der Herr des Galliens, in dem ſie Land wünſchten, ihnen entgegen rücke. Nur im Nothfalle zum Kriege entſchloſſen, nahen ſie ihm mit aufrichtiger Bitte. Dieſer giebt ihnen Hoffnung auf Land bei den Ubiern. Am beſtimmten Tage erſcheinen ihre Geſandten wieder mit zuſtimmendem Beſcheide. Da greifen ihre vorausgeſchickten Reiterhaufen ohne Kunde von dem Vorgegangenen die römiſchen Reiter an. Wenn wir dies als das Thatſächliche anſehen, ſo ſtören uns die Ambivariten und die Ubier nicht mehr; dann ſagen wir: die Germanen rieſen im Vertrauen auf den friedlichen Verlauf der Unterhandlungen, ihre Reiter nicht zurück, obgleich ſie Zeit genug dazu gehabt hätten. Dann können wir die Ambivariten auch ruhig in den vom Kaiſer ihnen angewieſenen Wohnſitzen laſſen. Es braucht uns dann auch keine Sorge mehr zu machen, ob ſich die Reiſe zu den Ubiern und die Verhandlungen mit ihnen in drei Tagen beendigen ließen; ſie hatten dieſe Friſt für genügend gehalten und zur Ausführung kam es ja nicht. Ohne dieſe eigenthümliche Beleuchtung erſcheinen uns in ihren Reden und Handlungen die Uſipeter und Tenchtherer als dieſelben trotzigen und biedern Menſchen, wie uns Cäſar ſonſt die Deutſchen ſchildert. Man vergleiche nur die ganze Erzählung vom Arioviſt. So oft ich aber dieſes Kapitel des vierten Buches geleſen habe, habe ich immer denſelben Eindruck gehabt, nämlich daß Cäſar, wider ſeine beſſere Ueberzeugung, das zufällige Zuſammenſtoßen der Reiter als einen frevelhaften Waffenſtillſtandsbruch geſtempelt hat, um damit das gewaltſame Zurückhalten der Fürſten und Aelteſten und den Ueberfall des Lagers zu rechtfertigen.

Nach dieſem Kampfe hielt Cäſar es für nöthig, über den Rhein zu gehen, um die Germanen in Furcht zu ſetzen,[16]) dann um Rache an den Sigambern zu nehmen, die unter Verweigerung der Ausliefrung der zu ihnen geflüchteten Uſipeter und Tenchtherer ihm eine trotzige Antwort gegeben

---

[16]) lib. IV. c. 16. Quum videret Germanos tam facile impelli, ut in Galliam venirent, suis quoque rebus eos timere voluit, cum intellegerent et posse et audere populi Romani exercitum Rhenum transire.

hatten und um die Ubier zu beschützen, die über Angriffe der hinter ihnen wohnenden Sueven klag=
ten: Wo hat er diesen Uebergang bewerkstelligt? Das sagt er nicht. Wir müssen wieder versuchen,
durch Combinirung seiner Angaben eine wahrscheinliche Stelle desselben aufzufinden. Zu Hülfe
kommt uns nur noch Cäsar's Bemerkung (VI, 6), daß seine zweite Brücke „paulum supra" dieser
ersten gewesen sei. Die Unbestimmtheit dieser Angaben hat es denn auch bewirkt, daß die Forscher
zu ganz verschiedenen Ergebnissen gekommen sind. Die Einen setzen den Uebergang an irgend einen
Punkt des Neuwieder Beckens, Andere in die Nähe von Bonn oder Köln und in letzter Zeit Hr.
v. Cohausen nach Castra vetera (Xanten). Beginnen wir mit der Prüfung der ersten Ansicht,
deren Hauptvertreter Hr. v. Goeler ist. Manches hieher Gehörige habe ich schon berührt bei Be=
sprechung der Schlacht gegen die Germanen, die derselbe ja in das Maifeld verlegt. In der That
steht Beides im innigsten Zusammenhange, so daß, wer die Schlacht in das Maifeld versetzt, in
dieser Gegend auch den Rheinübergang annehmen muß. Alles dafür Sprechende, 1) das paulum
supra, 2) die Wohnsitze der Ubier habe ich oben[59]) erwähnt; dazu kommt noch, daß Cäsar von
einem Marsche vom Schlachtfelde nach der Uebergangsstelle Nichts sagt, daß wir uns beide Punkte also
wohl als nicht weit auseinanderliegend zu denken haben. Wenn aber das Ergebniß, zu dem ich oben
gelangt bin, richtig ist d. h. daß unmöglich in dieser Gegend die Schlacht stattgefunden hat, dann
fällt damit auch die wesentlichste Stütze der Ansicht, daß Cäsar hier übergegangen ist. Es konnte
Hrn. v. Goeler nie in den Sinn kommen, anzunehmen, daß Cäsar von der Nocher Halbe fast drei=
sig deutsche Meilen flußaufwärts gezogen sei, noch dazu auf einem in seinem letzten Theile sehr
schwierigen Wege und daß er dann noch Errichtung der Brücke zwölf Meilen auf dem gebirgigen
Terrain des rechten Ufers wieder abwärts gegangen sei, um die Sigambrer zu bestrafen und dann
den ganzen Weg noch einmal gemacht habe[60]). Soviel steht nach Cäsar's Angaben fest, daß wir
die Sigambrer nicht östlich von Neuwied zu suchen haben, sondern erst bei weitem nördlicher[61]).
Von allen diesen weiten und mühevollen Märschen würde uns Cäsar sicherlich ein Wort gesagt
haben.

---

[59]) S. 27 ff.
[60]) Die Entfernung von Confluentes — Agrippina war auf der spätern Römerstraße etwa 27 Leufen,
von da — Arenacium 55, im Ganzen also von Coblenz bis in die Nähe von Cleve 82 Leufen d. h.
27¹/₄ deutsche Meile, also für ein mit Train versehenes Heer 9 bis 10 Tagemärsche, wenn wir auch
etwa 2 Meilen von Coblenz bis zu der angeblichen Uebergangsstelle abrechnen.
[61]) Daß östlich von Neuwied Sueven saßen, erfahren wir aus dem sechsten Buche. Um die Sigambrer
zu erreichen, mußte also Cäsar aus dem Neuwieder Thalkessel nordöstlich rücken, wie auch Hr. v.
Goeler S. 114 seines Buches sagt; dort aber kam er gleich in ein waldreiches, wegeloses Gebirgsland,
ehe er an die Ufer der Sieg etwa gelangen konnte. Dann mußte er wieder über seine Brücke
zurückkehren und von da den weiten Marsch zu den Morinern antreten, also bis in die Gegend von
Boulogne.

Weit rheinabwärts führt uns Hr. v. Cohausen, der den Uebergang nach Xanten verlegt; die Art und Weise, wie er seine Ansicht begründet, verdient wohl eine sorgfältige Würdigung. Was ihn in erster Linie zur Wahl dieser Gegend gebracht hat, sind die strategischen Gründe; er sucht sodann nachzuweisen, daß der so gewählte Punkt auch allen Angaben der Commentarien entspreche. Er sagt:[42]) „Hier im Lande der Menapier, wo die Usipeter und Tenchtherer über den Rhein gekommen waren und wo Cäsar sie wieder in oder über den Rhein gesprengt hatte, war es auch', wo er zur moralischen Vervollständigung seines Sieges und zur Wiedereinsetzung der Menapier in ihr rechtsrheinisches Besitzthum, so wie zur Züchtigung der Sigambrer, die nicht nur das Gebirge, sondern auch noch sumpfiges Flachland nordwärts desselben bewohnten, über den Strom gehen mußte. Wie nöthig dies war, sehen wir unter Anderem auch daraus, daß selbst Drusus noch Usipeter und Tenchtherer, die dort sitzen geblieben waren, zu bekämpfen fand. Deßhalb sind wir der Meinung, daß man den ersten Rheinübergang nicht südlicher, sondern hier und zwar bei Xanten zu suchen habe." Zu diesen allgemeinen Momenten tritt noch die Oertlichkeit von Xanten hinzu oder vielmehr von Castra vetera, das am Abhange des Fürstenbergs eine halbe Stunde südlich davon lag. Der Fürstenberg ist eine beherrschende Höhe, die im Osten und Süden damals vom Rhein umflossen, im Westen von einer Niederung begrenzt war, während auf dem rechten Ufer gegenüber eine weite Ebene vorliegt. Die Bedeutung dieser Stellung lernen wir aus Tacitus zur Genüge kennen als Lagerplatz zweier Legionen, als Ausgangspunkt der Unternehmungen des Drusus und Germanicus. Augustus, führt Hr. v. Cohausen fort, sah Vetera als einen Waffenplatz an, durch den man Germanien bewachen und bezwingen könne (Tac. Hist. IV, 23). Wenn damals jenes Lager schon Vetera „das alte" genannt wurde und zwar nicht etwa, wie man glauben könnte, im Gegensatz zur Colonia Traiana (denn dieses wurde mindestens 32 Jahre später angelegt), so muß es jedenfalls schon längere Zeit bestanden haben und kann etwa vor 126 Jahren von Cäsar angelegt worden sein. Daß Augustus, der selbst weniger Militair war, so großen Werth auf diesen Platz legte, bestärkt uns in dieser Meinung, denn wir nehmen an, daß er es auf eine hohe Autorität hin that, nämlich auf die Cäsar's und daß daher schon dieser große Feldherr es war, der Xanten zur Beobachtung und Abwehr der Germanen auswählte und befestigte und, um seiner Stellung Nachdruck zu verschaffen, von hier eine Brücke schlug. Es ist ferner, sagt er, begreiflich, daß Cäsar, als erster römischer Feldherr, der an den Rhein kam, also ziemlich unbekannt mit dem Lande war, sich nicht zu weit von seiner von ihm zuerst benutzten Marschlinie und von den ihm damals wenigstens dankbaren und befreundeten Menapiern entfernen wollte. Er nimmt dann ferner an, daß die Sigambrer zwar ihre Sitze zwischen Lippe und Sieg, ja selbst noch etwas weiter nach Norden und Süden ausgedehnt, aber die fruchtbaren für Handel und Schifffahrt geeigneten Uferflächen und Säume bis unterhalb Düsseldorf den Ubiern gelassen, jedoch von hier ab, wo das Gebirge wieder bis auf eine halbe Meile dem

---

[42]) Rhein. Jahrb. Heft 43. S. 8.

Rheine nahe tritt, gleichfalls direkt am Stromverkehr Antheil genommen hätten. Der in feindlicher Absicht gegen die Sigambrer unternommene Brückenschlag habe nicht direkt gegen das noch von ihnen besetzte Ufer, sondern nach dem wieder befreiten rechtsseitigen menapischen gerichtet werden können.

Das ist im Wesentlichen, womit Hr. v. Cohausen seine Ansicht begründet. Es läßt sich wohl nicht leugnen, daß Vieles für dieselbe spricht; zunächst Xantens geringe Entfernung vom Schlachtfelde, indem Cäsar von einem Marsche Nichts sagt, sodann seine Lage, gleich vortheilhaft für die Erbauung, wie für die Beschützung der Brücke, dann seine spätere Bedeutung als römischer Waffenplatz. Und doch muß eine genauere Forschung dahin führen, die Annahme als eine nicht haltbare nachzuweisen und zwar weil sie sich auf keine Weise mit den Angaben der Commentarien vereinigen läßt. Cäsar sagt ausdrücklich (IV, 19): nach Verwüstung des Landes der Sigambrer se in fines Ubiorum recepit und am Schlusse desselben Kapitels: se in Galliam recepit pontemque rescidit. Danach müssen wir es als unbedingt feststehend annehmen, daß die Brücke im Gebiete der Ubier gebaut wurde, deren Beschützung ja einer seiner Hauptzwecke war, die ihm zum Uebersetzen des Heeres Schiffe angeboten hatten.⁴³) Daß aber die Wohnsitze dieses Volkes sich auf dem rechten Rheinufer bis Xanten gegenüber ausgedehnt haben, nimmt ja auch Hr. v. Cohausen selbst nicht an. Mir ist es sogar im höchsten Grade unwahrscheinlich, daß sie „nur die fruchtbaren, für Handel und Schiffahrt geeigneten Uferflächen bis unterhalb Düsseldorf" bewohnt haben. Sie saßen nördlich von der Lahn bis vielleicht in die Gegend von Mülheim am Rhein. Von den von Osten her nachdrängenden Sueven und Sigambern sind sie wohl mehr oder weniger auf die Ebenen am Flusse beschränkt worden und auf die Vorberge des Westerwaldes; aber den schmalen Strich zwischen Fluß und Gebirge bis Düsseldorf hinab hatten sie schwerlich behaupten können. Es nöthigt das also unbedingt, den Uebergangspunkt viel weiter südlich zu setzen. Ebenso zwingt uns dazu das paulum supra (VI, 9), worüber ich oben⁴⁴) ausführlicher gesprochen habe. Vetera ist von Neuwied 76—77 Leuken b. h. 22—23 deutsche Meilen entfernt; das ist für ein „paulum" viel zu viel. Wir wärden nur in dem Falle, daß alles Andre uns unbedingt nach Xanten wiese, erklären können, dieser Ausdruck stehe dem nicht entgegen, indem wir etwa annähmen, Cäsar habe die Entfernungen am Rheinstrome nicht genau gekannt oder sich hier ungenauer ausgedrückt, als er es gewöhnlich thut. Wenn aber, wie es der Fall ist, andere Angaben uns zwingen, den Uebergangspunkt weiter südlich zu suchen, so muß dies paulum uns noch mehr dazu nöthigen. Aber auch hiervon abgesehen, läßt sich nicht Weniges von dem, was Hr. v. Cohausen zur Begründung seiner Ansicht beigebracht, nicht nur bestreiten, sondern vollständig widerlegen; ich meine insbesondere das, was er über den Namen Vetera sagt. In dieser Beziehung kann ich auf die ausführliche Darlegung des Hr. Prof. Ritter⁴⁵)

---
⁴³) navium magnam copiam ad transportandum exercitum pollicebantur.
⁴⁴) S. 26 ff.
⁴⁵) Rhein. Jahrb. Heft 44 und 45, S. 51—57.

verweisen, der die sämmtlichen hiebergehörenden Stellen des Tacitus und Dio Cassius einer sorgfältigen und, wie mir scheint, im Wesentlichen richtigen Prüfung unterwirft. — Das Ergebniß ist, daß aus denselben keineswegs geschlossen werden dürfe, es habe das Lager auf dem Fürstenberge schon zu Augustus Zeiten „das alte" geheißen, daß im Gegentheil dieser Name erst üblich geworden sei seit Gründung der Colonia Traiana (1 Stunde nördlich von Vetera auf der Stelle der jetzigen Stadt Xanten), daß Tacitus nur der Kürze wegen den in seiner Zeit üblichen Namen für frühere Zeiten anwende.[66]) Es ist ohne Zweifel richtig, daß alle in den nächsten 50 Jahren nach Cäsar im östlichen Gallien und am Rhein Kommandirenden, Agrippa, Augustus selbst, Drusus, Tiberius, Germanicus auf den unübertrefflichen Feldherrn, den großen Besieger der Gallier und Germanen zurückgeschaut, daß sie mit möglichster Treue und Sorgfalt seinen Fußtapfen nachgegangen sind, daß sie also auch die von ihm gewählten Lagerplätze mit Vorliebe wieder gewählt haben; aber es ist doch auch immer zu berücksichtigen, daß, was Cäsar bezweckte und was seine Nachfolger, ganz verschieden von einander war und daß deshalb auch die bei der Wahl solcher Stellen leitenden Gesichtspunkte verschieden sein mußten. Cäsar konnte es bei dem Zustande des hinter ihm liegenden Galliens, das bis jetzt nur oberflächlich unterworfen war, nicht in den Sinn kommen, sich in weit aussehende und gefährliche Unternehmungen einzulassen; er wollte die Germanen erschrecken, ihnen zeigen, daß die Römer et posse et audere Rhenum transire, dann aber gleich wieder seine Brücke abbrechen und umkehren. Er suchte also einen bequemen Uebergangspunkt mit erhöhtem linken Ufer, mit offenem, nicht von Höhen beherrschten rechtem, der ihm leichten Zugang in das Gebiet des feindlichen Volkes bot. Seine Nachfolger waren im sicheren Besitze Galliens, dessen feste Grenze der Rhein geworden war; ihre Aufgabe war es, diese Grenze gegen alle Einfälle dauernd zu sichern, zugleich aber, wie das althergebracht bei den Römern war, auch schon an eine künftige Ueberschreitung dieser Grenze zu weiteren Eroberungen zu denken. Sie mußten an den bedrohten und an den beherrschenden Uferstellen eine Reihe von starken Festungen gründen, die ganze Menschenalter überdauern sollten. Hierbei konnte denn freilich der Höhenzug, der von Xanten bis in die Gegend nördlich von Cleve das Unke Rheinufer begleitet, der einen weiten Umblick über die Ebene des rechten gestattet, ihrer Aufmerksamkeit nicht entgehen und insbesondere nicht seine bedeutendste südliche Erhebung, der Fürstenberg; ihn bestimmten sie zum Hauptausgangspunkte für ihre weiteren Unternehmungen.[67]) Punkte aber, wie sie Cäsar zum einmaligen Uebergange brauchte, konnte er zwischen Cleve und Bonn vielleicht 20 finden. Seine Wahl unter denselben wurde wesentlich dadurch bestimmt, daß er im Uhlerlande die Brücke anlegen und von da leichten Zugang zu den Sigambern haben wollte. Wir können also wohl sagen: die Spätern haben jeden Lagerplatz Cäsar's wie von einem höhern Geist bezeichnet festgehalten, aber nicht jede spätere römische Feste weiset auf Cäsar zurück. Das Gesagte,

---

**) Die Hauptstellen sind Tac. Ann. I, 45. Hist. IV, 18.
87) Tac. Hist. IV, 23 illis hiberna obsideri premique Germaniae Augustus crediderat.

denke ich, berechtigt wohl zu dem Ausspruche: Damals ist nicht bei Xanten der Rhein überschritten, sondern weiter südlich. Da bietet sich uns denn die Gegend zwischen Bonn und Cöln dar. Wir können nämlich die Stelle des Ueberganges nicht nördlicher, als Cöln annehmen, weil am gegenüberliegenden Ufer Ubier mit einiger Sicherheit nicht weiter nördlich gesetzt werden können; weiter südlich als Bonn können wir nicht gehen, weil oberhalb überall die Gebirge an den Fluß treten und einen Uebergang unmöglich machen oder wenigstens als höchst thörichtes Unternehmen erscheinen lassen. Welcher Punkt aber auf dieser etwa 3—4 Meilen (12 Leuken) langen Strecke zu wählen sei, darüber sagen uns die Kommentarien direkt gar Nichts. Für Cöln spricht es, daß Cäsar, wie schon oben bemerkt, gar keinen Marsch vom Schlachtfeld bis zum Rhein erwähnt. Wenn wir bei ihm nun auch an ähnliche Auslassungen gewöhnt sind, so rechtfertigen sie sich doch um so leichter, je kürzer die Entfernungen sind.⁶⁵) Für Bonn dagegen spricht in ähnlicher Weise das paulum supra. Ich betrachte es nämlich als fast unwiderleglich feststehend, daß der zweite Uebergang in der Nähe von Neuwied stattgefunden; da empfiehlt es sich denn nun, das paulum möglichst klein anzunehmen. Bis Bonn würde es etwa 18—20, bis Agrippina 30 Leuken betragen (6 Meilen — 9 Meilen). Ferner haben wir die Sicherheit, Bonn gegenüber Ubier zu finden, während es mehr Annahme ist, daß sie über Deutz und Mülheim am Rhein hinausgereicht. Wir sehen aber, daß wir hier nur mit Wahrscheinlichkeiten zu thun haben und daß alle angegebenen Momente nicht danach angethan sind, uns zu zwingen, uns für einen von beiden Orten zu entscheiden. Sollte z. B. Jemand sagen: Wenn Cäsar Märsche von 15—16 Meilen durch ebenes Terrain unerwähnt lassen kann, so sehe ich nicht ein, warum nicht dasselbe bei 20 Meilen geschehen soll, so wüßte ich ihm nicht viel zu entgegnen. Wie viel hier bei der Unbestimmtheit der Ausdrücke Cäsars auf subjektive Auffassung ankommt, zeigt uns insbesondere die Ansicht des Kaisers. Er setzt, wie wir später sehen werden, die zweite Brücke nach Bonn. Wegen des „paulum" verlegt er aber auch die erste dahin. Er sagt darüber:⁶⁶) „Wir können nicht mit einigen Schriftstellern glauben, daß die Worte paulum supra sich von einer Entfernung mehrerer Meilen sagen lassen. Man hat bis jetzt Cöln als Uebergangsort angenommen; aber um den Angaben der Commentarien entsprechen zu können, scheint uns Cöln doch viel zu nördlich."⁶⁷) Damit läßt sich das im sechsten Buche von Cäsar Erzählte z. B. der Marsch durch die Ardennen durchaus nicht vereinigen." Mag man sich nun für Bonn oder für Cöln entscheiden, wie man will, mit dieser engen Begrenzung des paulum kann man sich gewiß nicht einverstanden erklären, wenn man nur einfach die Sachlage erwägt. Cäsar's Zwecke sind bei den beiden Rheinübergängen nicht dieselben; beim ersten richtete er sein Hauptaugenmerk

---

⁶⁵) Bei seinem Lager an der Nievs bis zur spätern Agrippina hatte er 50—53, bis Bonna 62—65 Leuken (15—16 und 19—?) Meilen).
⁶⁶) Leben Cäsars Band II, S. 139 ff.
⁶⁷) Nach seiner Auslegung von paulum mußte er natürlich dann auch die zweite Brücke in dessen Nähe verlegen.

auf die nördlicher wohnenden Sigambrer, beim zweiten auf die mehr südöstlich wohnenden Sueven.[71]) Das läßt schon auf ein weiteres Auseinanderliegen beider Brücken schließen. Hätte aber Cäsar wirklich beide Male in derselben Gegend über den Fluß gehen wollen, so war es doch gewiß das Naturlichste und Einfachste, es ganz an derselben Stelle zu thun. Wir dürfen voraussetzen, daß der erste Uebergangspunkt mit Sorgfalt gewählt war; Cäsars Ingenieure hatten sicher das Flußbett genau untersucht; es stand gewiß auch noch ein Theil der eingerammten Pfähle. Wozu sollte es dienen, ½ Stunde oberhalb das Alles von Neuem zu beginnen, zumal es sich auch dieses Mal nicht um Anlage eines für lange Zeitdauer bestimmten Werkes handelte.

Für die Bestimmung der Lage der ersten Brücke haben wir noch einen Anhaltspunkt, wenn wir, ausgehend von dem oben ausgesprochenen Satze, daß die Feldherrn des augusteischen Zeitalters ehrerbietig den Spuren ihrer großen Ahnen nachgegangen sind, uns nach späteren Festungsanlagen oder Brücken an den hier in Frage kommenden Orten umsehen. Aber das bringt uns auch nicht weit, weil wir sowohl in Cöln als in Bonn bald nach Cäsars Zeiten die Römer finden. Können wir es auch nicht wissen, ob bereits 37 v. Ch., in welchem Jahre Agrippa die Ubier auf das linke Ufer in die Wohnsitze, die sie seitdem innehatten, hinüberführte, dieselben unter den Mauern eines römischen festen Lagers sich ansiedelten, so ist die Anlage eines solchen doch sicher auf Drusus zurückzuführen. Zu Germanicus Zeiten waren 4 Legionen, also das ganze niedergermanische Heer, dort im Sommerlager (Tac. Ann. I, 31.) Was aber Bonn betrifft, so wird es als Standort einer ganzen Legion im batavischen Kriege bei Tacitus mehrfach erwähnt. Hr. Prof. Ritter sucht aus diesem Geschichtschreiber nachzuweisen, daß Bonn gegenüber, auf dem rechten Rheinufer ein durch die Siegmündung gebildeter Hafen- Standort einer römischen Flottenabtheilung gewesen sei, ferner durch Heranziehung einer freilich in den Handschriften sehr verunstalteten Stelle des Florus, daß schon Drusus dieselbe erbaut und dorthin gelegt habe.[73]) Ich kann es dahingestellt sein lassen, ob alle Ergebnisse dieser Untersuchung über jeden Zweifel erhaben sind;[74]) hier genügt es festzustellen

---

[71]) Man kann wohl nach neueren Forschungen (Jakob Grimm) als solche die Chatti, die Bewohner der hessischen Länder ansehen. Ritter Rhein. Jahrb. Heft 87, S. 24.
[72]) Rhein. Jahrb. Heft 37, S. 1—20.
[73]) Jul. Flor. ed. Jahn II, e. 30.
[74]) Wie sehr man sich hüten muß, aus Schriftstellern herauszulesen, was nicht darin steht, möchte ich hier nur an einer Stelle zeigen. Hr. Ritter sagt auf S. 23 der erwähnten Abhandlung: Daß die Sigambrer im Siegthale und dessen Umgebung wohnten, läßt sich auch daraus erkennen, daß Drusus, der Gründer des Lagers und der Flotte bei Bonn, von diesem Punkte aus ihre Bekämpfung unternommen hat. Das soll Dio Cassius LIV, c. 32 sagen. Derselbe erzählt: Da die Sigambrer zum Kriege rüsteten, rief er unter dem Vorwande eines Festes die Häuptlinge zu sich; dann fährt er fort: καὶ τοὺς Κελτοὺς τρήσας τὸν Ῥῆνον διαβαίνοντας ἀνέκοψε. Das ist Alles! Steht da nur ein einziges Wort von der Sieg oder von Bonn? Wie wenig aber Angaben des Florus zu bedeuten haben, sehen wir überall da, wo uns zur Vergleichung andere Nachrichten vorliegen.

— und es steht wohl fest —, daß sowohl Cöln als Bonn zu den Punkten gehört haben, die die Römer, so wie sie am Rhein sich festgesetzt, als Lagerorte sich ausersehen haben. Was aber die Sigambrer betrifft, die Cäsar bestrafen wollte, so kann ich durchaus nicht einsehen, weshalb Cäsar dieselben nicht von Köln aus ebenso gut hätte erreichen sollen, als von Bonn aus. Er konnte das Thal der Sieg und der Agger oder das Dhünthal eine ziemliche Strecke hinaufziehen, ehe er in ein wildes, wegeloses Wald- und Bergland kam, und in diesem Gebiete eine Anzahl einzelnliegender Höfe niederbrennen. Daß er nicht weit in das Innere des Landes gekommen ist, geht aus seiner ganzen Darstellung hervor. Da die Germanen ihm nicht den Gefallen thaten, in's offene Feld herabzusteigen und sich an seinen Lagerwällen die Köpfe einzurennen, so verfuhr er auch hier nach dem Grundsatze, den er bei einer ähnlichen Gelegenheit ausspricht,[78]) ut potius in nocendo aliquid praetermitteretur, quam cum aliquo militum detrimento noceretur.

Alles bisher Gesagte zusammenfassend, möchte ich, was mir das Ergebniß zu sein scheint, kurz so aussprechen, daß Cäsar bei Cöln oder bei Bonn dicht oberhalb der Siegmündung übergegangen ist, daß wir aber nicht berechtigt sind, mit voller Bestimmtheit einen von beiden Punkten zu verwerfen. Ich gestehe aber, daß die Wahrscheinlichkeit, Ort des Uebergangs gewesen zu sein, mir für Bonn zu sprechen scheint. Hier reducirt sich das paulum auf 6 deutsche Meilen; hier bewohnten sicher Ubier die Uferstrecken bis einige Stunden landeinwärts; hier kam er also zu dem Kerne des Volksstammes und nicht zu den nördlichen Ausläufern; hier war er auch den südostwärts wohnenden Sueven näher gerückt, es konnte also auch die moralische Wirkung seines Zuges auf sie bedeutender sein. Sollte er nicht auch, da er zum ersten Male die niederrheinische Ebene betrat, gleichsam rekognoscirend nach Süden gezogen sein bis zu dem Punkte, wo auf beiden Seiten die Gebirge an den Fluß traten, und sowohl den Weitermarsch, als einen weiter oben zu bewerkstelligenden Uebergang unthunlich erscheinen ließen? Hier aber tritt uns noch ein Einwand entgegen. Cäsar erzählt im 35. Kapitel des sechsten Buches, 2000 Sigambrer hätten den Rhein überschritten triginta milibus passuum infra eum locum, ubi pons erat perfectus praesidiumque ab Caesare relictum. Das ist ja fast genau die Entfernung von Neuwied bis Bonn. Warum sagt Cäsar hier nicht: sie gingen über da, wo meine erste Brücke gestanden hatte? Hr. v. Cohausen hat aus dieser Stelle geschlossen, daß das „paulum", von dem oben schon mehrfach gesprochen, hier mehr sein müsse als 6 Meilen. Cäsar pflege, meint er, wo die Entfernungen so klein seien, daß er sie leicht in Schritten angeben könne, solche unbestimmte Angaben, wie paulum, non longe zu ver-

---

Gerade vor den Worten, auf die Hr. Ritter seinen Beweis gründet, daß Drusus schon die Rheinflotte nach Bonn gelegt, heißt es von Drusus: In tutelam provinciae praesidia atque custodias ubique disposuit per Mosam flumen, per Albin, per Visargia. Sollte man danach nicht glauben, Drusus habe ein Dutzend Festungen an Weser und Elbe angelegt? Glücklicherweise haben wir hier den wenn auch kurzen, doch verständigen Bericht des Dio.

[78]) B. G. l. VI, 34.

meisten und nenne die Schrittzahl.[76]) Um nicht weitläuftig zu werden, verweise ich auf die ausführliche Widerlegung des Hrn. Ritter[77]) und bemerke nur Folgendes: Cäsar giebt sehr große und sehr kleine Entfernungen in Schritten an, wenn er sie kennt und wenn auf genaue Angabe Etwas ankommt.[78]) Aus dem Mangel einer bestimmten Zahlenangabe läßt sich weiter gar Nichts schließen, als daß Cäsar sie nicht gekannt oder keinen Werth darauf gelegt hat. Hier haben die „30000 Schritt" ihre bestimmte Bedeutung, wenn wir uns nur das Wörtchen „tantum" dazu ergänzen. Mir ist im ganzen Cäsar (mit Ausnahme vielleicht der Beschreibung der Nervierschlacht und einiger Szenen aus dem siebenten Feldzuge) keine so lebensvolle Schilderung bekannt, als diese (lib. VI, c. 35—43). Cäsar scheint eine wirkliche Freude an den wilden Gesellen gehabt zu haben, er hat außerdem vielleicht seinen Mitbürgern zeigen wollen, daß es keine Kleinigkeit sei, Germanen zu bekämpfen; ferner zog ihn, den Fatalisten, das wunderbare Spiel des Zufalls bei diesem Einbruche an. Er will also sagen: So eben war ich mit meinem Heere auf dem linken Rheinufer gewesen und hatte die Sueven in Schrecken gesetzt; noch stand die Brücke und bei derselben eine starke Besatzung; da wagten es diese Menschen, nur 2000 Mann stark, nur zwei mäßige Tagemärsche von derselben entfernt, überzugehen und ohne Furcht, abgeschnitten zu werden, viele Meilen weit in das gallische Land hineinzujagen 2c. Es kommt Cäsar also hier gar nicht darauf an, geographisch genau den Uebergangspunkt festzustellen, wohl aber die Entfernung von seinem Brückenkopfe. Es hat also auch nichts Auffallendes, daß diese 30,000 Schritte gerade die Entfernung von Neuwied bis Bonn ausmachen. Wir sind dadurch im Geringsten nicht gehindert, die erste Brücke bei Bonn anzunehmen. Im Gegentheil würde dadurch nur noch mehr bewiesen, daß hier das große Ausgangsthor des Sigambrervolkes nach dem Rheine zu war, daß also auch Cäsar durch dieses offene Thor hereingebrochen d. h. bei Bonn seine Brücke gehabt und über dieselbe das Sieg- und Aggerthal hinaufgezogen ist.

3. Der zweite Rheinübergang.

Nicht viel bestimmter lauten Cäsars Angaben in Bezug auf die Oertlichkeit des zweiten Ueberganges über den Rhein. Er wollte den Ambiorix und die Eburonen, die ihm fünfzehn Cohorten niedergemacht, vollständig vernichten. Um dies zu erreichen, suchte er, bevor er sie selbst angriff, sie von jeder Unterstützung von Außen her abzuschneiden und ihnen alle Zufluchtsörter zu versperren. Als solche boten sich einerseits nach Norden und Nordwesten hin die Sümpfe und Wälder der Menapier[79]) dar, andererseits im Süden die Berge der Treverer und östlich vom Rhein die Gebiete der Germanen, mit welchen Ambiorix durch Vermittelung der Treverer sich schon in Verbindung gesetzt

---

[76]) Rhein. Jahrb. Heft 43, S. 10.
[77]) Rhein. Jahrb. Heft 44 und 45, S. 49 ff.
[78]) B. G. V, 13 die Größe Britanniens, I, 2 die Länge und Breite des Landes der Helvetier.
[79]) Bell. Gall. VI, c. 5 perpetuis paludibus silvisque muniti.

hatte. Deshalb rückt er schnell mit fünf Legionen ohne Troß vom Senonenlande aus d. h. von der oberen Seine her in das Land der Menapier und zwingt diese durch gründliche Verwüstung und Beraubung ihrer Höfe, Geiseln zu stellen und zu versprechen, ihr Gebiet dem Ambiorix zu verschließen. Er läßt „custodia loco" den Atrebaten Commius mit einem Theile seiner Reiterei bei ihnen zurück. Ueber die Richtung und Ausdehnung dieser ganzen Unternehmung sagt uns Cäsar Nichts. Das Natürlichste ist (und das ist auch die allgemeine Annahme), daß er zunächst gerade nach Norden durch das Nervierland[60]) über die Dyle, den südlichen Grenzfluß des Gebietes der Menapier gegangen ist. Ob er aber diesen Verwüstungszug auch über den zwischen Maas und Niederrhein gelegenen Theil desselben ausgedehnt, ob er also hier bis an oder in die Nähe des Niederrheins gelangt ist, wo er ferner den Commius aufgestellt, an der Maas oder näher am Rhein, davon erfahren wir Nichts.[61])

Ueber die folgenden Operationen sagt Cäsar nur: postquam ex Menapiis in Treveros venit, Rhenum transire constituit; also wir hören wieder nicht, welchen Weg er eingeschlagen und auf welchem Punkte er an den Rhein gekommen ist. Die Lücke ist also wieder durch Vermuthungen auszufüllen. Hr. v. Gohausen läßt ihn durch die Rheinebene an der Ostgrenze der Eburonen zunächst bis in die Gegend von Bonn ziehen und von da weiter, nicht durch das damals theilweise noch wegelose Flußthal, sondern durch die Vorberge der Eifel über Mayen in die Ebene zwischen Coblenz und Andernach. Dieser Marsch, der den rechtsrheinischen Germanen das römische Heer

---

[60]) Er hatte dieses Volk schon vorher durch einen unvermutheten Zug „nondum hieme confecta" unterworfen.

[61]) Hr. v. Gohausen denkt hier an Castra vetera als Standort des Commius, anknüpfend an seine Ansicht vom ersten Rheinübergange. Strategisch empfiehlt sich diese Annahme natürlich sehr, da von dieser Stelle aus sich zu gleicher Zeit die rechtsrheinischen Germanen, die Menapier und die Eburonen beobachten und in Schach halten ließen; aber es ist doch nur eine Vermuthung, die, wenn wir nicht der Meinung sind, daß Cäsar bei Xanten seine Brücke gehabt habe, den größten Theil ihrer Wahrscheinlichkeit verliert. Wenn aber Hr. v. Gohausen (Rhein. Jahrb. Heft 47, S. 6) hinzufügt: „Dieses Korps erfüllte zugleich den Zweck, auf alle Fälle, auch wenn Cäsar's weitere Expedition unglücklich verlaufen sollte, ihm den Rückmarsch rheinabwärts und maasaufwärts zu sichern", so scheint mir das unrichtig. Wir dürfen uns das Korps des Commius wohl höchstens aus 1500—2000 Pferden bestehend denken. Den größten Theil seiner Reiterei behielt Cäsar bei sich; es ist diejenige, die er später (c. 29 und 30) unter Basilus durch die Ardennen schickt. Aus IV, 12 aber erfahren wir, daß Cäsar 5000 Reiter hatte in einer Zeit, wo fast ganz Gallien ihm gehorchte; er hat also schwerlich jemals mehr gehabt; danach dürften wir die Abtheilung des Commius nicht stärker annehmen als sie oben angegeben ist. Schwerlich konnte aber diese kleine Abtheilung bei etwaigen Schlappen ihm viel Nutzen bringen, ganz abgesehen von der Unzuverlässigkeit des gallischen Adels, der wahrscheinlich Nachrichten von einer Niederlage Cäsar's durch die Germanen mit großer Freude begrüßt hätte.

zeigte, konnte dieselben zugleich von Unterstützung der Eburonen abschrecken. Trotzdem möchte ich einige Bedenken gegen diese Ansicht aussprechen. Sollte Cäsar wirklich nur die expeditas quinque legiones, mit denen er den Plünderungszug durch das Menapiergebiet unternommen, in dem Augenblicke, wo er über den Rhein ging, bei sich gehabt haben? Ueber die Macht des Suevenvolkes, an dessen Grenzen er rückte, hatte er gewiß genügende Kunde erhalten. Schon die Uspeter und Tenchtherer hatten ihm (IV, 7) gesagt: se unis Suebis concedere, quibus ne dii quidem immortales pares esse possint; und durch die von ihnen bedrängten Ubier wußte er schon von den Hunderttausenden, die sie aufstellen konnten. Bei seinem Erscheinen auf dem rechten Rheinufer mußte er sich auf einen Kampf mit ihnen gefaßt machen; ja er wünschte denselben sogar.*) Er wußte zu gleicher Zeit, daß eine Niederlage vielleicht die Vernichtung seines Heeres und seiner Herrschaft in Gallien zur Folge haben konnte; andererseits kannte und schätzte er genügend die Furchtbarkeit deutscher Heere. Darum möchte ich es für wahrscheinlich halten, daß er hier seine 10 Legionen zusammengehabt habe; ich möchte also annehmen, daß er im Menapierlande, etwa von der Maas bei Venlo oder Roermonde nicht östlich nach dem Rheine, sondern südwestlich wieder durch das Nervierland sich gewendet, sich in der Gegend von Luxemburg mit den 3 Legionen des Labienus, der so eben in dieser Gegend die Treverer besiegt hatte, und mit den 2 übrigen, die weiter westlich gestanden, vereinigt, und dann theilweise, wo es möglich war, durch das Thal der Mosel, theilweise über die Eifelberge in einiger Entfernung vom Flusse nordöstlich gezogen sei. Dieser Weg führte ihn dann in das Neuwieder Becken hinab. Eine andere Möglichkeit wäre, daß er selbst mit seinen 5 Legionen rheinabwärts über Neuß, Cöln und Bonn gezogen und daß durch seinen Befehl herbeigerufen die 5 übrigen den Weg moselabwärts eingeschlagen und sich erst im Rheinthal mit ihm vereinigt hätten. Doch gehen wir weiter. Cäsar steht am Rheine, sei es mit fünf, sei es mit zehn Legionen und will ihn wiederum überschreiten aus zwei Gründen: 1) weil die Germanen den Treverern Hülfstruppen geschickt hatten, 2) damit Ambiorir sich nicht zu ihnen zurückziehen könne. Er baut die Brücke paulum supra eum locum, quo antea exercitum traduxerat. Wo war nun diese Stelle? Wir erfahren von derselben nur, daß auf dem linken Flußufer die Treverer, auf dem rechten ihnen gegenüber die Ubier wohnten; wir haben es also hier wieder mit ziemlich unbestimmten Aeußerungen zu thun. Von den Ubiern und ihren Wohnsitzen ist schon im vorigen Abschnitte gesprochen; aber wie weit reichten die Treverer rheinabwärts? Sichere Angaben für Cäsar's Zeit besitzen wir darüber nicht und die des Strabo und Tacitus, die sich auf spätere Zeiten beziehen, nützen uns sehr wenig, weil in dem Jahrhundert nach Galliens Eroberung durch Cäsar große Völkerverschiebungen, besonders am rechten Rheinufer, aber auch am linken stattgefunden haben. Daß insbesondere die Vinxtbach südlich von der Ahrmündung schon damals, also 16 Jahre vor der Uebersiedelung der Ubier auf das rechte Rheinufer Nordgrenze der Treverer gewesen, ist vielleicht

*) B. G. VI, c. 10. sperans homines barbaros ad iniquam pugnandi conditionem posse deduci.

wahrscheinlich,[33]) aber durchaus nicht gewiß und möglich ist es immer, wie es z. B. der Kaiser annimmt, daß dieselben bis nördlich von Bonn wohnten. Darnach hätten wir den Uebergangspunkt zwischen Coblenz und Bonn zu suchen. Die eigenthümliche Bildung aber des Rheinthales von Rolandseck bis Andernach, wo die steilen Felsen meist bis an das Ufer herantreten, bewirkt, daß doch nur 2 beschränkte Stellen in Frage kommen können, nämlich Bonn und die Gegend von Coblenz-Andernach, wo breit und majestätisch der Strom durch die weite von den Bergen des Westerwaldes und der Eifel umsäumte Ebene dahinzieht. Für Bonn spricht sich der Kaiser aus, aber gewiß mit Unrecht. Zunächst nämlich ist es mindestens sehr zweifelhaft, ob die Trevirer soweit nördlich wohnten (und im Trevirerlande ist Cäsar übergegangen). Wollen wir das aber auch annehmen, so saßen dort am rechten Ufer hinter den Ubiern, die im Flußthal und auf den Vorhöhen der Gebirge ansässig waren, nicht suevische Völker, sondern Sigambrer; die Sueven erwähnt Cäsar ausdrücklich;[34]) die Sigambrer aber hatten wohl den erst vor zwei Jahren stattgefundenen Einfall Cäsars nicht vergessen und die Verwüstung ihres Landes noch in guter Erinnerung. Wozu sollte derselbe also an der gleichen Stelle, wie es der Kaiser will, den Uebergang wiederholen. Ferner will Cäsar, wie wir im weiteren Verlaufe seiner Erzählung sehen, den Ambiorix und die Eburonen unvermuthet überfallen. Das war aber nicht möglich, wenn er mit seinem Heere wochenlang an der Südgrenze ihres Landes, bei Bonn gestanden hätte. Er mußte sie sicher machen und den Glauben in ihnen erwecken, daß er für längere Zeit mit andern Unternehmungen fern von ihren Grenzen beschäftigt sei. Das bewirkte er nur, wenn er viel weiter südlich in der Gegend der Moselmündung stand. Zuletzt aber — und das scheint mir das Wesentlichste — schickt Cäsar, aus dem Ubierlande auf das linke Rheinufer zurückgekehrt, den Basilus per silvam Arduennam (c. 29), dessen Länge und Breite er angiebt und dieser Führer überrascht wirklich viele Eburonen unvermuthet auf officium Felde und in ihren Höfen (a. 30). Wäre Basilus aber von Bonn aus, etwa über Aachen gerade westlich gegangen, auf welchem Marsche er höchstens über die vordersten Ausläufer der Eifel kam und auch nur auf dem letzten Theile seines Weges, so würde Cäsar das nicht „einen Zug durch den Arbennerwald" genannt und uns eine Schilderung desselben gegeben haben.

Es bleibt also für diesen zweiten Uebergang nur das Neuwieder Becken. An welchem Punkte aber des Stromlaufs zwischen Ballendar und Neuwied derselbe stattgefunden, läßt sich aus Cäsar's Darstellung gar nicht entnehmen. Hier ist wieder der Generalstabsofficier an seiner Stelle, der mit Sachkunde und unter Berücksichtigung römischer Kampfesweise die Vorzüge und Nachtheile der einzelnen von den verschiedenen Forschern vorgeschlagenen Stellen prüft. Zu berücksichtigen sind dabei natürlich auch die Veränderungen, die seit Cäsars Tagen, so weit sich das nachweisen läßt, das

---
[33]) Man nimmt dann an, daß die Ubier in das durch den Vernichtungskrieg Cäsars entvölkerte Gebiet der Eburonen versetzt seien, daß also schon das Eburonenland bis an die Sinzibach hin nach Ebern sich erstreckt habe.

[34]) B. G. L. VI, c. 9 und 10. Cognita Caesar causa etc., aditus viasque in Suebos perquirit.

Strombett selbst erlitten hat. Ebenso sind von Bedeutung die an beiden Ufern aufgefundenen Spuren und Reste römischer Befestigungen; nur, meine ich, ist in Beziehung auf diese, eine große Vorsicht nöthig. Das Auffinden von Festungswerken an irgend einem Punkte des rechten oder linken Ufers ist noch kein Beweis dafür, daß da Cäsars Brücke gestanden. Seit Drusus sind gewiß in dieser Gegend zahlreiche Kastelle zum Schutze der fruchtbaren Ebene und ihrer Bevölkerung errichtet, gewiß auch eins an der Stelle, die durch des „göttlichen Julius" Uebergang gleichsam geweihet war; aber welches ist das?

Da liegt uns nun die Arbeit des Hrn. v. Cohausen vor,*) die in der vortrefflichsten Weise alle hier in Frage kommenden Verhältnisse und Umstände einer klaren und gründlichen Prüfung unterwirft und, so viel ich zu urtheilen vermag, für Jeden, der Cäsar's zweite Rheinbrücke in das Neuwieder Becken setzt, die Sache zum Abschluß gebracht hat. Ich werde deshalb hier kurz sein, indem ich nur die wesentlichen Ergebnisse der Untersuchung anführe und nur bei dem verweile, worin ich glaube anderer Ansicht sein zu müssen. Zwischen Kesselheim und Neuwied nennt er sechs Punkte, an denen der Uebergang möglich ist und die als wirkliche Uebergangsorte von den verschiedenen Forschern bezeichnet worden sind. Was er in eingehender Weise über die 5 ersten derselben**) (er geht nämlich von Vallendar flußabwärts) sagt, weshalb er sie sämmtlich verwirft, das möge man bei ihm selbst nachlesen. Schließlich entscheidet er sich für eine Stelle dicht oberhalb der Nettemündung. Was ihn außer den Terrainverhältnissen, der nächsten Umgebung selbst, von denen wir eine genaue Schilderung bekommen, dazu geführt, ist besonders die Lage des Kastells von Niederbiber (Victoria), ferner die Römerstraße, die von dem jetzigen Neuwied über Victoria, von diesem Kastell beherrscht, in den Westerwald führt und die viele Jahrhunderte lang die einzige Verbindung zwischen dem Gebirgslande und der Rheinebene gebildet hat. Dazu tritt noch der Umstand, daß von der Höhe von Niederbiber die Brücke und von der Brücke die Höhe gesehen werden konnte.

Hr. v. Cohausen schließt nun, daß dies der „castris idoneus locus" gewesen sei (VI, 10), den Cäsar sich ausgewählt, um in günstiger Stellung den Angriff der, wie er hoffte, vom Westerwald her gegen ihn andringenden Sueven zu empfangen, zugleich auch, um die hinter ihm liegende ubische Ebene zu decken. Und wenn wir von Cäsars Scharfblick voraussetzen, daß er den wichtigen beherrschenden Punkt entdeckt hat, so haben die späteren Feldherrn diese Entdeckung durch Erbauung des mächtigen Kastells genügend gewürdigt, das Jahrhunderte lang einen Mittelpunkt der Umwallung bildete, mit der die reiche Ebene gegen die Raubzüge der Germanen gesichert wurde. Für die Ausführung aber und nähere Begründung des hier nur kurz Angedeuteten verweise ich auf die schöne Abhandlung selbst, durch welche, wie ich schon bemerkt, nach meinem Urtheil die Frage, wo die zweite Rheinbrücke gestanden, zum Abschluß gebracht ist.

---

*) Rhein. Jahrb. Heft 47 und 48. Bonn 1869.
**) Kesselheim, Engers, Urmitz, am guten Mann, Weißenthurm.

Hat aber Cäsar durch einen Uebergang so weit stromaufwärts seine Zwecke erreicht? Als solche führt er uns mehrere an; zunächst will er den Eburonen alle Hoffnung auf Hülfe von Seiten der rechtsrheinischen Germanen abschneiden.⁸⁷) Hatte er den nördlicher wohnenden Sigambern durch sein erstes Erscheinen auf der germanischen Rheinseite gezeigt, daß man nicht ungestraft Feinden des römischen Volkes Zuflucht gewähre, so sollten weiter im Süden die Sueven jetzt dasselbe lernen. Es konnte sich ja nicht um die Flucht einzelner Eburonen oder kleinerer Haufen derselben handeln; eine solche ließ sich ja gar nicht verhüten. Was er aber hindern wollte und auch wirklich gehindert hat, war, daß größere Massen durch das Gebiet der ihm befreundeten Ubier drangen und daß suevische Hülfschaaren auf das rechte Ufer den Eburonen zuzogen. Ehe zu den im fernen Osten ihres Gebietes⁸⁸) aufgestellten Sueven die Kunde von Cäsars Abzuge vom Rheine gelangte, hatte er mit seiner gewohnten Schnelligkeit schon die Vernichtung der Eburonen begonnen. Eine sehr bedeutende Wirkung mußte Cäsars Erscheinen auf die kriegerischen, ewig gegen das römische Joch sich sträubenden Treviren üben. Sie waren eben im Luremburgischen von Labienus geschlagen, ihre suevischen Hülfstruppen über den Rhein zurückgegangen und nun erblickten sie den gewaltigen Oberfeldherrn selbst auf der von Gallien abgewendeten Seite ihres Landes und sahen, wie er sich zwischen sie und ihre linksrheinischen Bundesgenossen warf. Da mußten sie sich wohl mehr und mehr mit dem Gedanken vertraut machen, daß die Wiedererlangung der Freiheit unmöglich, die Ergebung unabweisbare Nothwendigkeit sei.

Als dann Cäsar selbst gegen die Eburonen zog, ließ er den größten Theil der Brücke stehen und errichtete mächtige Befestigungen⁸⁹) am rechten Ufer, „ne omnino metum reditus sui barbaris tolleret atque ut eorum auxilia tardaret." In denselben blieben zwölf Kohorten unter dem Befehle des Volcatius Tullus zurück. Ob er damals beabsichtigte, diesen Platz dauernd besetzt zu halten zur Bedrohung der Sueven und Treviren oder nur für eine bestimmte Zeit, darüber sagt er uns Nichts. Die so eben angeführten „zwölf Kohorten" bringen uns in nicht geringe Verlegenheit. Wie viel Cäsar auch verschweigt, die Zahl seiner Legionen und deren allmähliches Anwachsen erfahren wir. Im ersten Kriegsjahre hatte er deren sechs (I, 24), im zweiten acht (II, 2. 11, 8) So blieb es bis ins fünfte Kriegsjahr, nur daß hier noch fünf Kohorten erwähnt werden. Nach dem er durch Ambiorir fünfzehn Kohorten verloren und statt deren drei neue Legionen ausgehoben (VI, 1, 4), befehligte er im Ganzen zehn. Diese zehn finden wir auch, gleich nachdem er die Ardennen durchzogen hat und von Abuatuca aus seinen Rachezug beginnt, vollständig um ihn ver-

---

⁸⁷) Er drückt sich darüber an verschiedenen Stellen verschieden aus. VI, 9: ne ad eos Ambiorix receptum haberet. VI, 5 ne desperata salute aut ea in Menapios abderet aut cum Transrhenanis congredi cogeretur.

⁸⁸) Die Gegend können wir freilich nicht näher bestimmen; vielleicht, wie vermuthet wird, an der fränkischen Saale.

⁸⁹) magnisque eum locum munitionibus firmat.

sammelt.[90]) Wo bringen wir nun diese zwölf, doch ohne Zweifel aus römischen Bürgern bestehenden Kohorten unter? Hatte er neben seinen vollzähligen Legionen einzelne kleinere Abtheilungen, vielleicht aus den römischen Kolonien der provincia Gallia ausgehoben, die er zu Kohorten formirt neben den vom Staate ihm bewilligten Truppen unterhielt[91]) oder war diese Bejahung in der Art gebildet, daß er von jeder seiner zehn Legionen eine oder mehrere Kohorten detaschirt hatte? Es ist das wieder ein Beleg dafür, wie wenig wir im Stande sind, die Truppenzahl Cäsars genau zu schätzen. Daß er aber vor seinem Abzuge vom Rhein den Brückenkopf sehr stark befestigt, beweist uns wohl, daß er nicht beabsichtigte, in der nächsten Zeit diese Stellung zu räumen. Von einer Räumung derselben sagt er auch Nichts; und doch bin ich der Ansicht, daß er sie im darauffolgenden Jahre nicht festgehalten hat. Es ergiebt sich das wohl zur Genüge aus seiner Lage in dieser Zeit. Endlich haben die Gallier eingesehen, daß Einzelbewegungen nur dahin führen konnten, die Herrschaft der Römer mehr und mehr zu befestigen. Ein einsichtsvoller, thatkräftiger Mann stellt sich an die Spitze des größten Theils der Nation. Ein gewaltiger Kampf beginnt, besonders als auch die Aeduer sich dem Vercingetorix anschließen. Es handelt sich nicht mehr um Gewinnung einzelner Vortheile; es handelt sich um Sein oder Nichtsein für Cäsars und des Römischen Volkes Herrschaft in Gallien. Wenn uns nun schon Cäsars ganze Kriegsweise zeigt, daß er eine Vereinzelung seiner Truppen möglichst vermied, daß er gewöhnlich mit concentrirten Streitkräften wirkte, so läßt es sich wohl nicht denken, daß er in dieser großen Gefahr eine so beträchtliche Abtheilung, wie jene zwölf Kohorten, nicht sollte an sich gezogen, sondern an jenem fernen Punkte gelassen haben. Und doch war zu gleicher Zeit diese Abtheilung wieder viel zu unbedeutend, um eine vielleicht monatelange Blokade der Trevirer oder Sueven auszuhalten während einer Zeit, wo er (denken wir nur an Gergovia und Alesia) gar nicht im Stande gewesen wäre, sie zu entsetzen. Uebrigens waren diese Kohorten auch am Rheine im Jahre 51 gar nicht mehr nothwendig; die Sueven leisteten Cäsar dieselben Dienste, die jene hätten thun können[92]) d. h. sie hinderten die Trevirer, sich seinen Feinden anzuschließen. Im folgenden Jahre (52) zieht Labienus wieder gegen die Trevirer, die nur durch

---

[90]) VI, 32, 33. praesidio impedimentis legionem quartam decimam reliquit. Titum Labienum cum tribus legionibus proficisci jubet; C. Trebonium cum pari legionum numero ... mittit; ipse cum reliquis tribus . . . . Iro constituit.

[91]) Dafür scheinen die obenerwähnten fünf Kohorten zu sprechen. VII, 65 erzählt Cäsar, es seien in der gallischen Provinz 22 Kohorten ausgehoben; es war das freilich nur eine durch die Noth gebotene Maßregel; dieselben sollten nur als eine Art Landwehr zur augenblicklichen Vertheidigung der Provinz selbst dienen.

[92]) C. VII, 63: Ab hoc concilio (sc. Gallorum) ... Treveri afuerant, quod aberant longius et a Germanis premebantur, quae fuit causa, quare toto abessent bello et neutris auxilia mitterent.

Heere gezwungen sich der brittischen Herrschaft fügen.⁹³) Er liefert ihnen ein Reitertreffen; an ihrer Seite kämpfen zu Hülfe gerufene Germanen⁹⁴). Um noch einmal, bevor er Gallien verließ, ihnen und den Germanen die Größe und Macht des römischen Staates vor die Augen zu stellen und sie dadurch vor jeder Bewegung zu warnen, hielt Cäsar in ihrem Lande, vielleicht in der Gegend von Trier eine Musterung seines ganzen Heeres.⁹⁵) Diese ewige Unruhe der Treviren auch nach dem zweiten Rheinübergange Cäsar's, ihre vielfachen, bald freundlichen bald feindlichen Berührungen mit den Germanen, die wir nirgends durch Römer verhindert oder nur erschwert sehen, lassen es wohl als unzweifelhaft erscheinen, daß die Stellung am Rhein schon in dem Winter zwischen dem sechsten und siebenten Kriegsjahre geräumt worden ist; es waren andere, für ihn bedeutendere Aufgaben, denen er in der nächsten Zeit seine volle Aufmerksamkeit widmete, zu deren Durchführung er aller seiner Streitkräfte bedurfte. An eine dauernde Wiederbesetzung der Rheinufer hat wohl erst Octavianus gedacht und zwar, seitdem er allein im westlichen Theile des römischen Reiches waltete, also etwa seit dem Jahre 40 v. Ch. In diese Zeit (37) fällt die von Strabo erwähnte Uebersiedelung der Ubier auf das linke Ufer in die Gegenden, die nach Vernichtung der Eburonen entweder ganz menschenleer oder doch nur sehr dünn bevölkert waren.

⁹³) VIII, 23: quorum civitas, propter Germaniae vicinitatem cotidianis exercitata bellis . . . imperata nunquam nisi exercitu coacta faciebat.

⁹⁴) VIII, 45: equestre proelium facit secundum compluribusque Treveris interfectis et Germanis, qui nullis adversus Romanos auxilia denegabant, principes eorum vivos in suam redigit potestatem.

⁹⁵) Legionibusque ex omnibus hibernis ad fines Treverorum evocatis eo profectus est ibique exercitum lustravit.

Statut der Jubiläums-Stiftung.

Auf Anlaß der 50=jährigen Jubiläumsfeier des Königlichen Gymnasiums zu Kreuznach haben ehemalige Schüler desselben, in dankbarer Erinnerung an die Anstalt, der sie angehört, die Fundation einer Stiftung beschlossen, und einem zu diesem Zwecke hier gebildeten Fest-Comité die Summe von 1763 Thlr. 9²/₃ Sgr. übergeben, über deren Verwendung dasselbe folgende statutarische Bestimmungen getroffen hat.

§ 1. Die Stiftung führt den Namen: Jubiläums-Stiftung des Gymnasiums zu Kreuznach.

§ 2. Die Zinsen des gesammelten Stiftungs-Capitals sollen zu drei Stipendien von je dreißig Thaler für bedürftige und würdige Schüler der beiden oberen Klassen des Gymnasiums und auch ausnahmsweise der Tertia ohne Rücksicht auf das religiöse Bekenntniß verwendet werden.

§ 3. Ueber die Würdigkeit und Bedürftigkeit der Stipendiaten entscheiden der Director und die in den betreffenden Klassen unterrichtenden Lehrer in einer zu diesem Zwecke alljährlich in der ersten Hälfte des August zu berufenden Conferenz.

§ 4. Die Vorschläge des Lehrer-Collegiums werden dem Gymnasialverwaltungsrath zur Bestätigung vorgelegt, durch welchen die Collation der Stipendien erfolgt. Derselbe besorgt auch die Verwaltung der Stiftung, deren Resultat bei der Rechnung der Gymnasialkasse alljährlich nachgewiesen wird.

§ 5. Die Stipendien werden immer nur auf ein Jahr verliehen und die Namen der Stipendiaten jedesmal am 2. Sept. oder wenn dieser Tag kein Schultag ist, am folgenden Schultage in der Aula des Gymnasiums von dem Director in geeigneter Weise bekannt gemacht.

§ 6. Sollte in einem Jahre der zur Verfügung stehende Zinsbetrag aus Mangel an qualificirten Schülern nicht vollständig zur Vertheilung kommen, so werden die ersparten Zinsen wie auch die später noch der Stiftung zufließenden Beiträge zum Capital geschlagen und wird damit jedesmal so lange fortgefahren, bis ein neues Stipendium von 30 Thlr. aus jenen Ueberschüssen gebildet werden kann; doch soll es dem Gymnasialverwaltungsrath gestattet sein, auf den Vorschlag des Directors in einem solchen Falle den Betrag eines Stipendiums zu Gunsten der bibliotheca pauperum des Kreuznacher Gymnasiums zu verwenden.

So beschlossen vom Fest-Comité für das 50=jährige Jubiläum des Gymnasiums zu Kreuznach.

Kreuznach, den 18. Juni 1870.

(Folgen die Unterschriften.)

Das fünfzigjährige Jubiläum des Gymnasiums.

Schon bei der Grabowfeier am 4. Mai 1866 tauchte der Gedanke an das damals noch in weiter Ferne liegende 50jährige Jubiläum des Kreuznacher Gymnasiums auf, und besonders waren es die Hrn. Geheimen Räthe Engelmann und Trautwein, die diesen Gedanken lebhaft ergriffen und im Kreise ehemaliger Schüler wiederholt in Erinnerung brachten. Beiden war es leider nicht vergönnt, den Tag der Feier selbst noch zu erleben: darum drängt es mich, der Pietät, mit der diese Männer an unserer Anstalt hingen, hier an dieser Stelle einen kleinen Denkstein zu errichten, und zugleich dem Schmerze über einen unersetzlichen Verlust von neuem Ausdruck zu geben, der nicht uns allein, sondern die ganze Stadt so tief getroffen hat. Daran dachte in jenen Tagen wohl niemand, daß das alte Kreuznacher Gymnasium grade um dieselbe Zeit (1869) seinen 300jährigen Geburtstag feiere; und zu einer solchen dritten Säcularfeier war in der That auch kein Grund. Denn abgesehen von der 20jährigen Episode französischer Herrschaft, wo sich die Anstalt in Folge der Einziehung der geistlichen Güter gänzlich auflöste (1802), war dieselbe von je her so arm an Mitteln, so dürftig organisirt und so einseitig in ihrer ganzen Richtung, daß sie nicht einmal in der Stadt festere Wurzeln faßte und der preußischen Regierung schließlich kein anderes Erbtheil, als den stolzen Namen einer hohen Schule hinterließ. Es handelte sich also um eine völlig neue Schöpfung, um ein Gymnasium, das nicht blos den Namen hätte, sondern das den Anforderungen und Bedürfnissen einer unendlich fortgeschrittenen Zeit wirklich entspräche. Und zu diesem Zwecke hat damals auch die Stadt Kreuznach schwere, nicht genug anzuerkennende Opfer gebracht; das Meiste verdanken wir aber der Munificenz und väterlichen Fürsorge König Friedrich Wilhelm's des dritten und seiner beiden Nachfolger, die unbeirrt durch die wechselnde Strömung des Tages allezeit Pfleger und Schirmherrn des gelehrten Schulwesens gewesen sind.

Wenn nun eine solche Anstalt, der es vergönnt war, ein halbes Jahrhundert ununterbrochen an der Erziehung der Jugend zu arbeiten, das Gedenkfest ihres 50jährigen Bestehens feiert, so ist wohl zu erwarten, daß ein so bedeutsamer Tag nicht vorübergehen werde, ohne eine allgemeinere Theilnahme wachzurufen. Und diese Erwartung hat nicht getäuscht: galt es doch zugleich der Erinnerung an den Anbruch einer besseren und glücklicheren Zeit, da der alte Fluch deutscher Zwietracht sich löste, und endlich sich das Vaterland erhob.

Nachdem das Königl. Provinzial-Schulcollegium zu Koblenz durch Verfügung vom 5. Juli die Verlegung des Festes auf den 1. und 2. Septbr. genehmigt hatte, traten angesehene Männer der Stadt (ehemalige Schüler, und Mitglieder des Gymnasial-Verwaltungsraths)* zu einem Comité zusammen, um eine würdige Feier desselben vorzubereiten.

Zunächst fand der Gedanke, zur Erinnerung an das Jubiläum eine Stiftung für dürftige Gymnasiasten ohne Unterschied der Confession zu begründen, lebhaften Anklang, so daß binnen kurzer Zeit fast 900 Gaben einliefen, unter denen in erster Linie der Beitrag der Gemeinde Kreuznach selbst zu nennen ist, die außerdem noch eine sehr erhebliche Summe für die Kosten des Festes mit edler Liberalität bewilligte.

Der Unterzeichnete, von dem Wunsche beseelt, den ehemaligen Schülern am Vorabend des Festes eine Ueberraschnug zu bereiten, unternahm es die Antigone des Sophokles zur Aufführung zu bringen, mit deren Studium sich die Primaner im letzten Jahre beschäftigt hatten. Ein solches Unternehmen konnte natürlich nur bei den sorgfältigsten Vorstudien, nur mit Aufbietung aller Kräfte gelingen, und so wurden denn die Chöre mit der Musik von Mendelsohn schon von Pfingsten an fast täglich in aller Morgenfrühe unter Leitung des Gesanglehrers L. Kauffmann mit erfreulichem Eifer eingeübt; ebenso arbeiteten die mit einer Rolle betrauten Schüler mit großer Hingebung und Ausdauer, besonders seitdem sie hörten, daß sie in den Costümen des Königl. Schauspielhauses zu Berlin auftreten würden, die Herr Generalintendant von Hülsen für diesen Zweck freundlichst überlassen hatte.** Glücklicher Weise fanden wir ein schönes, geräumiges und etwas einsam gelegenes

---

* Das Festcomité bestand aus folgenden Mitgliedern: Landrath Agricola, Vorsitzender des Gymnasial-Verwaltungsraths, Bildhauer G. Gauer, Baumeister P. Engelmann, Kaufmann L. Engelmann, Kaufmann A. Geyger, Dr. med. L. Jung, Badehausbesitzer H. Schneider, Kaufmann H. Schever, Pfarrer L. Wenzel, Rentner W. Wenzel, Kaufmann J. Kindler, Kaufmann G. Bellmar, Dr. Külsten, Gymnasial-Director.

** Von den Schülern wirkten folgende mit: Antigone, Fr. Blumberger; Ismene, K. Franz; Kreon, A. Geibel; Hämon, Fr. Hubert; Tiresias, Aug. Steiner; Eurydice, W. Kownas; Wächter, Jul. Rellon; Bote (1 und 2) ders.

Chorführer, O. Romus.
Tenor I. Chor 1. A. von Humboldstein, A. Loins, Ph. Kühn, A. Subheff, O. Wenzel.
        „ 2. G. Fischer, L. Gerry, K. Sombern, H. Matthias, Fr. Rey.
Tenor II. Chor 1. K. Biehl, A. Meyer, L. Tesch.
        „ 2. J. Altmeyer, L. Kalbfuß, Ferd. Hubert, H. Herber.
Baß I. Chor 1. H. Klein, G. Kauffmann, Fr. Schmitt, G. Oberts, A. Klaud.
        „ 2. Fr. Bägelein, G. Weißenbach, R. Gdel.
Baß II. Chor 1. H. Kaiser, H. Franz, W. Müller, R. Bahmann.
        „ 2. G. Knod, G. Matthia, J. Trapp.
Die Solos sangen Kaiser und Kauffmann; die Quartette wurden abwechselnd gesungen von Kaiser, Wenzel, Klein, Biehl, und von Knod, Bägelein, Biehl und Rey.

Local, das für unsere mühsamen Vorarbeiten wie geschaffen war. Bei den Theaterproben kamen natürlich die größten Schwierigkeiten erst recht zum Vorschein: Declamation, Ausdruck, Action, alles wollte anfangs nicht recht gelingen; aber mit jedem neuen Versuche gewann die Darstellung an künstlerischem Geschick, Sicherheit und Kraft, besonders auch durch die Mitwirkung der hiesigen Badekapelle, die durch einige auswärtige Musiker (1 Harfenisten, 2 Posaunisten) auf 32 Mann verstärkt war. Unter diesen Vorbereitungen rückten die Festtage rasch heran, und nachdem die Generalprobe am 30. August, der ein zahlreicher Kreis von Damen beiwohnte, allgemein befriedigt hatte,* konnten wir mit Zuversicht hoffen, unsere Bemühungen in gleicher Weise auch bei der Feier selbst anerkannt zu sehen.

Die erste Begrüßung der auswärtigen Gäste fand am 1. Septbr. Abends 5 Uhr im hiesigen Casino statt, wo zugleich die Festschriften, Programme, Schleifen und dergl. ausgetheilt wurden. Von den ehemaligen Schülern waren gegen 200 erschienen, von den eingeladenen Ehrengästen Se. Excellenz der Oberpräsident von Pommer-Esche und Geheime-Rath Dr. Landiermann; Se. Excellenz der Cultusminister Freiherr von Mühler, der leider verhindert war, ließ der Anstalt durch ein Schreiben vom 21. August seine aufrichtige Theilnahme ausdrücken und bethätigte dieselbe durch ein prachtvolles Geschenk von ausgewählten Gypsabgüssen des Königl. Museums zu Berlin (darunter die Colossalbüste der Juno Ludovisi), für das ich auch an dieser Stelle meinen ehrerbietigsten Dank ausspreche. Abends 7 Uhr begann die Aufführung der Antigone, zu der außer den früheren Schülern der Anstalt auch die Honoratioren der Stadt eine besondere Einladung erhalten hatten. Das zum Theater eingerichtete Local auf Kloth's Wörth war äußerst geschmackvoll decorirt und festlich geschmückt; im Hintergrunde erhob sich die unter Leitung des Hrn. Baumeisters Engelmann genau dem antiken Muster nachgebildete Bühne, vor derselben, freilich in bescheidener Größe, die Thymele mitten in der Orchestra. Am Eingange der Frontdecoration und zur Seite standen griechische Statuen, geeignet Sinn und Stimmung für das erschütternde Gedicht zu wecken. Demselben Zweck diente ein Prolog, der von der Verwandtschaft und Verschmelzung des Hellenischen und Deutschen ausgehend, auf die plastische Schönheit der alten Tragödie als den Gipfel aller Poesie hinwies.**

---

* Der Ertrag dieser Vorstellung belief sich auf 122 Thlr., die zum Besten des Festes mitverwandt wurden.
** Es sei mir verstattet, wenigstens die Eingangsworte desselben herzusetzen:

Wenn es vermögen, Festgenossen, dünkt, —
Am deutschen Rebenufer Vater Rhein's,
Die unsre Nibelungen, unsere Karl
Geheiligt Reich mit grüner Fluth geträuft, —
Daß wir mit Griechenzungen Griechenthaten
Und Sitten, Lieder flechtend in Gespräche,
Voll himmlischen Gefühls und Erdenleids;
Vor Aug' und Ohr Euch bringen wunderbar:

Kaum waren die letzten Töne der Ouvertüre verklungen, als Antigone und Ismene langsam feierlichen Schrittes die Bühne betraten. Der Anblick der buntfarbigen schleppenden Gewänder mit dem hellen Ueberwurf war freilich seltsam genug, aber die Haltung der Schwestern war ungezwungen, bei allem Pathos recht natürlich, und der Wohllaut des griechischen Verses tönte vernehmlich bis in die letzte Ecke des Saals, so daß die Versammlung mit gespannter Aufmerksamkeit dem Auftritte folgte. Die erste Scene spielte bei etwas gedämpftem Lichte; sobald die Bühne leer wurde, brach plötzlich der helle Tag an und der Chor zog singend in die Orchestra ein, mit aufgehobenen Händen den Strahl der Sonne begrüßend. Nun ging das Stück unaufhaltsam seinen Gang fort: die Chorgesänge thaten die beste Wirkung und auch die Schauspieler wußten der gewaltigen Musik gegenüber ihre Rolle vortrefflich zu behaupten. Hämons Raserei, der flammende Zorn des Tiresias, die stumme Verzweiflung der Eurydice — nichts zog vor den Augen der Zuhörer vorüber, ohne einen tiefen Eindruck zu hinterlassen. Den Glanzpunkt des Abends bildeten aber die Stellen, wo die Musik die Recitation nur begleitet und die künstlicheren Rhythmen (Glyconeen, Dochmien) zur vollen Geltung kamen. Vor allem waren die langgezogenen Klagetöne der Antigone und die abgebrochenen Seufzer des unter der Last seines Leids zusammensinkenden Königs von erschütternder Wirkung, und noch hatte der Chor seinen Abmarsch nicht vollendet, als von allen Seiten ein stürmischer Beifall hervorbrach und selbst diejenigen ihre lebhafte Befriedigung wiederholt aussprachen, denen eine griechische Tragödie als etwas ganz ungenießbares erschienen war. Nach beendigter Aufführung blieb die Versammlung in schönster Stimmung bis zu später Stunde in demselben Locale beisammen, während die Acteurs bei Ph. Winkler im weißen Roß von Seiten des Comités bewirthet wurden.

Am andern Morgen gegen 10 Uhr bewegte sich der Festzug der ehemaligen Schüler, von einer Deputation der Prima geführt, vom Casino aus durch die mit Fahnen und Kränzen reich geschmückten Straßen der Stadt nach dem Schulhofe des Gymnasiums, wo Lehrer und Schüler vorher Aufstellung genommen hatten. Es war ein ergreifender Anblick, als die Alten und die Jungen, zarte Knaben und ergraute Männer, die z. Th. schon anno 1819 den Einweihungsfeierlichkeiten beigewohnt, einander in langer Reihe gegenüberstanden. Auf die begrüßende Ansprache des Directors erwiederte Herr Kaufmann A. Geyger im Namen der früheren Schüler mit herzlichen bewegten Worten, worauf die Reihen sich auf kurze Zeit auflösten, bis um 11 Uhr der gemeinschaftliche Zug in die kleine evangelische Kirche begann, wo die Hauptfeier stattfinden sollte. Dort bestieg nach einer einleitenden Motette zuerst der Director das Katheder, um den Gefühlen der Freude und des Dankes, wie sie jede Brust bewegten, in folgenden Worten einen festlichen Ausdruck zu geben:

O, laßt mich bitten, daß nicht unwillkommen
Die Tochter fernen Alterthumes Euch
Den Gruß entbiete, nehmt sie gastlich auf!

Hochgeehrte Festgenossen! Zum erstenmale seit 300 Jahren ist es dem Kreuznacher Gymnasium vergönnt, ein Jubiläum festlich zu begehen im frohen Hinblick auf eine 50jährige Zeit friedlicher, segensreicher Entwicklung, die unser Leben schöner und reicher als jemals gestaltet hat. Und wenn unsere Erinnerung heute unwillkürlich noch weiter in die entferntere Vergangenheit zurückeilt, wo barbarische Völker abwechselnd den Boden der Pfalz zertraten und nach langen Jahren der Erniedrigung und unsäglicher Leiden das bitterste unter allen Geschicken hereinbrach, die Schmach der Unterjochung und dauernde Knechtschaft, wer von uns sollte da nicht dankbar seine Hände zu Gott aufheben und laut jubeln, daß diese Zeiten wie ein böser Traum weit hinter uns liegen, und der Genius des deutschen Volkes seine Schwingen von Jahr zu Jahr majestätischer entfaltet.

Aber so glänzend der Aufschwung auf allen Gebieten in den letzten 50 Jahren gewesen ist, so unerhört noch zuletzt die Erfolge in dem großen Kriege von 1866: das Beste, was wir haben, wurzelt in jener Periode der Erhebung gegen den Uebermuth und die Heuchelei einer fremden tyrannischen Herrschaft. Damals erwachte die alte Siegfriednatur unseres Volkes aus ihrem tiefen Todesschlummer, die deutsche Treue, das deutsche Gemüth, die altdeutsche Kampfeslust, die durch jedes Hinderniß mit dämonischer Gewalt hindurchbrach. Damals keimten und sproßten wie im schönsten Frühling alle die edlen Triebe, deren Frucht die nachlebenden Geschlechter heute in stolzer Sicherheit genießen. Und wenn auch die Preußen damals, wie immer seit dem Absterben des alten Kaiserthums, da wo es die nationale Ehre galt, in erster Linie standen, so glühte doch dasselbe Freiheitsgefühl, derselbe Patriotismus in allen deutschen Herzen, mächtig auch in denen, die eine menschenverachtende Politik von ihren Brüdern und Stammesgenossen jenseits des Rheins getrennt hatte. Zwar gingen die Kreuznacher Gymnasiasten zu der Zeit in grauen Militärröcken mit rothem Kragen, auf ihren Häuptern lastete statt der luftigen Mütze der Bonaparthut nach fränkischer Sitte; französisch waren die Schulbücher, nicht bloß für die exacten Wissenschaften, sondern auch für die alten Sprachen, ja selbst für die lateinische Prosodie: aber weder die kalte Dressur, noch der soldatische Glanz vermochten sie d e u t s c h e r Art und Sitte zu entfremden; und je mehr der gewaltige Kaiser das Ideale und die Ideologen haßte, um so mehr entzündete sich dieser Sinn in den jugendlichen Gemüthern, den sie bereit waren, in der Stunde der Entscheidung mit ihrem Blute zu besiegeln. Es erscheint als eine Pflicht der Pietät, an dem heutigen Tage den Kranz dankbarer Erinnerung auf das Grab des Mannes niederzulegen, der von Spähern umstellt und so zu sagen mitten unter den feindlichen Waffen eine solche Jugend heranbildete, um die Seele deutschen Sinnes, wie er sich selber schön und eigenthümlich ausdrückt, zu retten. Doch was bedarf es der Erinnerung: Director und Pfarrer W i l h e l m W e i n m a n n lebt in allen Herzen, er lebt vor allem in den Herzen seiner Schüler, die dem verehrten Lehrer bei seinem Jubiläum im Jahre 1846 das schönste Fest feierten, das jemals in Kreuznachs Mauern gefeiert worden ist. Wie konnte es geschehen, daß dieser Mann mit so kleinen, ja äußerst ärmlichen Mitteln so Großes erreichte, daß er bei der allgemeinen Erschütterung wie eine eherne Mauer im Glauben an die Zukunft seines geliebten Vaterlandes feststand und keinen Augenblick schwankte: darin liegt der Grund, daß er die Seele des Volksgemüths, den tief religiösen, aber zugleich freien Sinn in seiner Wurzel erfaßt hatte und den humanen Gedanken der neuen Zeit durch die Richtung auf das Nationale und eigenthümlich Deutsche läuterte und vertiefte.

Neben Weinmann sei an dem heutigen Tage auch des damaligen Maire Burret gedacht, des zweiten Gründers der gelehrten Schule in Kreuznach während der französischen Zeit, dessen Berichte über das städtische Schulwesen ein Denkmal sind, besser als in Erz und Stein. Es sei ferner gedacht des Freiherrn von Recum, der in seinem Eifer für die Erziehung der Jugend es nicht verschmähte, ohne weiteren Beruf und amtlichen Auftrag, die Schüler in einer denkwürdigen Rede am Schlusse der Prüfungen auf den Werth der Bildung, die Grundsätze der Toleranz und die Betrachtung der vaterländischen Geschichte hinzuweisen. Er preist ihnen die Vorzüge der pfälzischen Natur: den jovialischen Sinn, die Beweglichkeit und Raschheit des Geistes, den Trieb nach Erkenntniß und Fortschritt; dann werden die berühmten Kreuznacher, die der Schule ihre Bildung verdanken, der Reihe nach citirt: Carmer, der Verfasser des preußischen Gesetzbuches, Großkanzler und Liebling Friedrichs des Großen; der Maler Müller, den Kunstrichter, selbst zu Rom, einen vollendeten Künstler nennen; die um die Geschichte der Pfalz so verdienten drei Brüder Wund und andere, deren Geist noch auf Kreuznach und Kreuznachs Umgebungen ruhe, und bald würden aus der Mitte der Schüler, seiner jungen Freunde, neue Genies hervorgehen, die sich an die vorausgegangenen anreihten.

 Wohl dem, der seiner Väter gern gedenkt,
 Der froh von ihren Thaten, ihrer Größe
 Den Hörer unterhält, und still sich freuend
 An's Ende dieser schönen Reihe sich geschlossen sieht!

Solche Männer lebten damals in unserer Stadt, ehrenwerthe Männer, deren Andenken unvergessen bleibt, und dennoch hing die Blüthe der Schule an einem losen Faden unter einer fremden Regierung, die für die Erziehung der Jugend kein Herz hatte, und die der Anstalt selbst das durch kaiserliches Decret überlassene Kloster wieder entriß, um die Räume für kriegsgefangene Soldaten zu benutzen. Diese Zeiten muß man kennen, und nicht bloß kennen, man muß sie mit Schmerz und Entrüstung von neuem durchleben, um den hellen Jubel zu verstehen, mit dem das neue durch Königl. Munificenz ein für allemal festbegründete Gymnasium begrüßt und unter Mitwirkung der gesammten Bürgerschaft ohne Unterschied der Confession in der Klosterkirche feierlichst eingeweiht wurde. Am Vorabend des Festes, am 12. November

1819, Abends von 6—7 Uhr, wurde mit sämmtlichen Glocken der Stadt geläutet; es war das Grabgeläute der alten Zeit, und ein neuer hoffnungsreicher Tag begann. Es würde sich für mich am allerwenigsten geziemen, davon zu reden, in wie weit die Schule den Erwartungen der Stadt, des Vaterlandes entsprochen hat, aber das darf gesagt werden, daß sie eine Pflegestätte des nationalen Geistes gewesen ist.

Mit dem Wiedererwachen des deutschen Lebens sind auch die Gymnasien deutsche geworden, denen es als höchste Aufgabe, als das ideale Ziel aller Erziehung vorschwebt, nicht Schönredner und kosmopolitische Schwärmer zu bilden, die nirgends daheim sind, sondern Charaktere, die in deutschem Boden wurzelnd mit ihrem Volke leben und empfinden. Neben den alten Sprachen, die früher die Alleinherrschaft in der Schule hatten, haben sich besonders durch Jacob Grimms unsterbliche Verdienste deutsche Studien Bahn gebrochen, die Unterweisung in deutscher Geschichte, in deutscher Sprache und Literatur; nicht bloß privatim, sondern in öffentlichen Lectionen werden die früher bei schwerer Strafe verpönten Dichter gelesen, gelernt, erläutert, um den Sinn der Jugend für deutsche Wissenschaft und Kunst zu erschließen, das patriotische Gefühl zu wecken und den Willen zu stählen zu männlicher Thatkraft.

Aber wenn unsere gelehrten Schulen deutsch sein wollen, so sind sie doch weit davon entfernt, andere Bildungselemente auszuschließen und den Zusammenhang mit der großen Völkerfamilie, mit der Geschichte des menschlichen Geschlechtes überhaupt in einseitiger Ueberhebung und abgöttischer Selbstvergötterung zu zerreißen: das wäre gegen die deutsche Natur, die immer bereit war, alles Geistige in sich aufzunehmen, das widerspräche dem Gesetze der Wissenschaft, das auf die ältesten Quellen und die Grundlage der gesammten Cultur mit zwingender Nothwendigkeit zurückweist. Wohl weiß ich, daß ein tiefes Mißtrauen gegen das Studium der alten Sprachen noch in weiten Kreisen lebendig ist, in der Erinnerung an die Zeit, wo deutsche Gelehrte ihre Muttersprache als gemein verachteten, und der lebendige Geist der Alten unter einem Wuste todter unfruchtbarer Gelehrsamkeit begraben lag, aber man vergißt, daß der Sinn für nationale Ehre in den letzten 50 Jahren vorzugsweise an der Betrachtung des klassischen Alterthums erwacht und selbst unser geliebtes Deutsch erst unter dem Einflusse der Antike zur vollen Reife und männlichen Schönheit gelangt ist. Der Ausspruch Karls des Fünften: „so viele Sprachen einer kann, so vielmal ist er ein Mensch" gilt zwar von allen Sprachen ohne Ausnahme, da sie wie Glieder eines lebendigen Organismus zusammenhängen, deren wissenschaftliche Erkenntniß auf der Vergleichung derselben beruht, und dennoch sind die alten Sprachen das vorzüglichste geistige Bildungsmittel, weil ihre Abgeschlossenheit und feste Structur besonders geeignet ist, den Sinn für sprachliche Form und die Kunst des Ausdrucks zu wecken, und damit zugleich jenen Trieb zu lernen, der das ganze Leben bestimmt, und durch die Verfolgung höherer Ziele veredelt. Auf diesem Grunde ruht das Fundament aller Bildung seit 2000 Jahren, und wenn andere Schulen andere Wege gehen, so denken wir nicht mit ihnen zu streiten, wir denken mit ihnen zu wetteifern, damit ein Jeder auf seine Weise dem Vaterlande diene. Gibt doch nicht das Object der Wissenschaft Werth und Bedeutung, sondern allein die kühle Art der Betrachtung, der tiefe eindringende Blick der Beobachtung, der das scheinbar zerstreute und verwirrte zurechtbringt und harmonisch gestaltet. Dieser Geist gründlicher Wissenschaft hat unsere Nation aus tiefer Erniedrigung zu neuer, kaumgeahnter Kraft und Herrlichkeit erhoben. Wenn wir uns erinnern, wie vor Zeiten andere Völker mit hochmüthiger Verachtung auf uns herabsahen, wie der große Petrarca erstaunt war, zu Köln mitten im Barbarenlande eine wohlangebaute Stadt, ein anständiges Wesen und hübsche reinliche Frauen zu finden, wie er aber diese Stadt selbst beiläufig nicht erwähnen kann, ohne ihr in derber Weise vorzurücken, wie man hier nicht um Poesie, nur um Geld und Schlaf und den Bauch und die Kehle sich kümmere;*) wenn wir uns erinnern, wie noch im vorigen Jahrhundert die Wortführer der Franzosen und Engländer die Lauge ihres Spottes über den deutschen Namen ausgossen: sollten wir da nicht heute mit stolzer Freude umherschauen, wo die Nationen Europas das deutsche Schwert wieder fürchten und unserer Kunst und Wissenschaft widerwillig den Vorrang einräumen, so daß selbst ein Italiener, es war der Minister Sella, in einer Versammlung der ersten Männer seines Landes deutsche Gäste vor wenig Wochen mit den Worten begrüßte: Sie, meine Herrn, gehören der edlen Nation an, bei der wir gewohnt sind, die Quellen alles Wissens zu suchen, in dem wir uns zu vervollkommnen streben.

Dieser Geist gründlicher strenger Wissenschaft soll die Atmosphäre sein, in der die deutsche Schule athmet, letztes Ziel und Ideal, das uns freilich, ich gestehe es mit tiefer Beschämung, in immer weitere Ferne rückt, je mehr wir arbeiten und streben, und wenn wir heute uns einiger Anerkennung erfreuen, wir verdanken es vor allem der väterlichen Fürsorge der Königl. Staatsregierung, wir verdanken es der Huld Sr. Majestät des Königs, unseres erhabenen Patrons. Möge Ihnen, Herr Oberpräsident, dessen Anwesenheit uns zu besonderer Ehre und Freude gereicht, möge Ihnen, Herr Geheimerath, dem wir mehr verdanken, als wir es auszusprechen vermögen, unsere Anstalt von neuem empfohlen sein, möge sie wachsen und gedeihen in der kommenden Zeit und eine weithin leuchtende Pflanzstätte sein wahrer Gottesfurcht, gründlicher Wissenschaft und vaterländischer Gesinnung. Das walte Gott.

Und nun wende ich mich an Euch, geliebte Jünglinge, die ihr das Ziel eurer Schullaufbahn mit Ehren erreicht habt. Ihr scheidet unter erhebenden Eindrücken: der Geist der Pietät, der euch heute von allen Seiten umweht, er wird euch durch das Leben begleiten, und ich hoffe und wünsche, daß wenn ihr nach 50 Jahren das zweite Jubiläum der Anstalt mitfeiert, daß

*) G. Voigt, die Wiederbelebung des klass. Alterthums. Pag. 390.

ihr dann ohne ein Gefühl der Reue und Bitterkeit auf diesen Tag zurückblicken könnt. So ziehet denn hin mit Freuden, lernet „mit rechtem Durste und aus freier Neigung", werdet Männer, ganze Männer, wie es Preußen geziemt, deren Herz nicht erzittert in Gefahr. Ich weiß, die alte preußische Parole „vorwärts", sie hat euch 1866 wie Musik in den Ohren geklungen, als eure Kameraden von der Schulbank weg ins Feld zogen, ihr werdet den Alten nicht nachstehen an Tapferkeit und Treue. Gottes Segen sei mit euch!

Nachdem der Director die Abiturienten entlassen, erhob sich der Hr. Geheime-Rath Landfermann und hielt folgende Ansprache an die Versammlung:

Indem ich einen hohen Auftrag zu vollziehen die Ehre und die Freude habe, verstatte ich mir ein kurzes Wort vorauszuschicken.

Eine Feier wie die heutige, eine Jubelfeier fordert wohl Jeden auf, rückwärts zugleich und vorwärts im Geiste zu schauen.

Wenden wir uns bei der Jubelfeier dieses Gymnasiums zuerst der Vergangenheit zu, so streift unser Blick fast unwillkürlich noch über das Jahr der Gründung der Anstalt in die alte Zeit zurück, in welcher das schöne Wort aufkam „fröhlich Kurpfalz, Gott erhalt's," ein Wort, welches fort und fort in diesen gesegneten Landen, in dieser so sichtlich und reich aufblühenden Stadt gelten möge, so gewiß jede Art und Eigenthümlichkeit deutscher Stämme unter dem mächtigen Schirm der Hohenzollern vollen Raum zu freier fröhlicher Entfaltung findet. Auch von dem fröhlichen Geistesstreben in dieser fröhlichen Pfalz und im engsten Zusammenhange mit diesem Streben von der Fürsorge dieser Stadt schon vor Jahrhunderten für eine höhere Schule, von dem Leben in dieser kömmt manche gute Kunde zu uns herüber. Dann aber kömmt auch für dieses Land, für diese Stadt die zwanzigjährige dunkle Zeit, in welcher unter dem Walten desselben Feindes, der vor 180 Jahren den reichen Segen dieses Landes brennend und raubend zerstört hatte, nun auch seine Bildungsanstalten verdarben, ja alles höhere geistige Streben zu erlöschen drohte. Und doch auch damals hat es hier an treuen Zeugen, an tapferer Arbeit für die höchsten Güter unseres Volkes und der Menschheit nicht gefehlt. Ich nenne nur einen Namen, den Namen Weinmanns, des Mannes, der als ein edler Vorläufer dieses Gymnasiums hier nie vergessen werden darf, dessen Richtung sich so treffend zusammengefaßt findet in der Inschrift der Ehrengabe, welche ihm als Pfarrer in Langenlonsheim dankbare Schüler vor einem Vierteljahrhundert zu seinem Jubiläum darbrachten, in der Inschrift: Unserem deutschen Lehrer in der französischen Zeit. Er und seine Gesinnungsgenossen hatten nicht umsonst gehofft und gestrebt. Mit dem Tage, an welchem des in Gott ruhenden Königs Friedrich Wilhelms III. großer Entschluß und seiner Preußen Hingebung ohne Gleichen die deutschen Heere über den Rhein führten, mit dem 1. Januar 1814 beginnt auch für das Rheinland, für die fröhliche Pfalz, für diese Stadt die neue Zeit freudigen Erwachens, starker Zuversicht in dem Volke, treuer, liebender Fürsorge der Obrigkeit. Rasch beginnt auch für die

Stätten freier höherer Bildung in diesen Landen die neue Zeit. Damals schafft König Friedrich Wilhelm in Bonn ein Kleinod des Landes, eine großartige Hochschule, wie sie das Rheinland noch nie besessen hatte. Damals, unter nachhaltiger, thatkräftiger Einwirkung der obersten Staatsregierung, unter freudigem Entgegenkommen und Mitarbeiten der Bürgerschaften raffen sich von Cleve bis Saarbrücken in zahlreichen Städten tief verkommene höhere Schulen wieder kräftig auf, treten neue an die Stelle der untergegangenen. Ich beschränke mich auf die nächste Nachbarschaft, indem ich nur die seitdem immer fröhlicher erblühenden Anstalten in Sobernheim, Kirn, Trarbach nenne. Damals denn, jetzt vor 50 Jahren erstand hier auch dieses Gymnasium neu, als ein edles Lebenszeichen der neuen Zeit. Es ist eine hohe Freude sich zu vergegenwärtigen, mit welchem Eifer und Nachdruck, mit welcher bis dahin ungekannten Freigebigkeit die Behörden des kaum aus tiefem Fall neu hervorgegangenen Staats auch hier an dieser neuen Schöpfung arbeiteten, mit welchem Sinn, mit welchem offenen Blick für höhere Güter edle Ortsbehörden und Vertreter der Bürgerschaft dem Streben der Staatsbehörden hier entgegenkamen, welche Opfer Kreuznach, damals noch eine sehr mäßige Landstadt, die sich eben erst von schweren Drangsalen zu erholen anfing, willig darbrachte, um sich ein vollständiges Gymnasium zu sichern, Opfer, welche freilich die spätere Zeit nicht unverkürzt gelassen hat.

Und nun hat diese unter reichen Hoffnungen gegründete Schöpfung ein halbes Jahrhundert hindurch bestanden. Sie ist wie jedes Menschenwerk durch manchen Wechsel hindurchgegangen, durch Gunst und Ungunst, durch Zeiten freudigen, frischen Blühens und durch mißliche Zustände. Aber wer, der ihre Entwickelung mit urtheilsfähigem Blick, mit Einsicht in die Bedingungen der Wirksamkeit eines Gymnasiums hat verfolgen können, wer könnte verkennen, daß ein halbes Jahrhundert hindurch bis heute nicht wenig edle, geistvolle Männer mit Treue und Erfolg hier gewirkt haben, daß eine reiche Zahl von Knaben und Jünglingen von nah und fern ihr warmen Dank schuldig geworden sind, und, wie auch dieses Fest wieder zeigt, ihn wirklich im Herzen tragen, dafür, daß sie hier geistig befruchtet, zu wissenschaftlichem Streben, zu vaterländischem, Preußischem, Deutschem Sinn, zu christlicher Ehrfurcht für alles Heilige herangezogen sind. Und so gewiß zu allen Zeiten die mächtigste, edelste Thatkraft im Kleinen wie im Großen aus den Tiefen edeln Geisteslebens entsprungen ist, so gewiß darf auch dieses Gymnasium sich, seiner Pflege geistigen Lebens seinen Antheil beimessen an der Thatkraft, welche das augenfällige mächtige Erblühen dieser Stadt hervorgerufen hat.

Und nun tritt dieses Gymnasium in ein zweites halbes Jahrhundert. Es darf, wir alle dürfen mit zuversichtlicher Hoffnung in seine Zukunft schauen. Würdige, tüchtige Männer setzen auch fortan seine Arbeit fort, das Vertrauen dieser Stadt und eines weiten Umkreises, das Vertrauen der näheren wie der höchsten Staatsbehörden geleitet es in seine Zukunft. Welche Liebe und Theilnahme diese Stadt ihm zuwendet, das hat uns gestern schon der reiche Fahnenschmuck, die Fülle der Kränze freundlich gezeigt. Durch einen in diesem Jahre gefaßten, würbigen Beschluß haben die Vertreter dieser Stadt, ihren Vätern vor 50 Jahren gleich, in erneuerter Anerkennung des Werths, der Bedeutung des Gymnasiums für Kreuznach eine Feststellung der Leistungen der Stadt für dasselbe, eine lange ersehnte Erweiterung und Verschönerung seiner Räume, eine Erweiterung seines ganzen Organismus durch Einfügung von Realclassen möglich gemacht, und mit guter Zuversicht mag die höhere Genehmigung zu dem allem erwartet werden. Ein Gymnasium d. h. eine Stätte der Uebung aller Kräfte des Leibes und der Seele, ein Ort nicht der Abrichtung, sondern der innerlichen Kräftigung des Verstandes und der Gesinnung wird diese Anstalt auch nach dieser Erweiterung bleiben und gerade dadurch den Wünschen dieser Bürgerschaft am sichersten entsprechen.

Der Herr Unterrichtsminister hat seine oft bewährte Fürsorge für diese Anstalt in diesem Jahre ihres fünfzigjährigen Bestehens aufs neue durch eine abermalige ansehnliche Erhöhung ihrer Dotation bethätigt und aus Anlaß dieses Jubelfestes eine bedeutende Vermehrung ihrer Apparate, ihrer Mittel bildender Anschauungen für Wissenschaft und Kunst in Aussicht gestellt. wie sehr es ihn freut, die von wissenschaftlichem, vaterländischem, christlichem Sinn getragene, anspruchslose, aber nachhaltig bewährte Treue anzuerkennen, das bezengt höchstderselbe aufs neue durch die Ernennung des Herrn Oberlehrers Waßmuth zum Königlichen Professor, durch welche er diesen und in ihm die ganze Anstalt ehrt. Ich habe die Freude, Ihnen, verehrter Herr Professor, das Patent Ihrer Ernennung zu überreichen.

Und auch unser theurer König und Herr hat dieses Gymnasiums aus Anlaß seines Jubiläums gnädig gedacht. Ich habe den ehrenvollen Auftrag, Ihnen, Herr Director Wulfert, den Orden, mit welchem Seine Gnade Sie und in Ihnen diese Anstalt ziert, hier zu überreichen. Tragen Sie ihn lange und in freudiger, erfolgreicher Thätigkeit für diese Anstalt, in treuer Arbeit mit Gott für König und Vaterland.

Und mit dieser Preußen-Losung, die vor 56 Jahren der König ausgab, welchem Preußen, Teutschland, wir alle so großes verdanken, und die seitdem in voller Kraft fortklingt, mit welcher auch dieses Gymnasium vor 50 Jahren ins Leben trat, schließe ich denn. Möge auch dieses Gymnasium fort und fort arbeiten und blühen mit Gott für König und Vaterland!

Nun folgte der schönste Act des Festes. Die ehemaligen Schüler hatten, wie schon oben erwähnt, um dem Gefühle der Dankbarkeit gegen die Anstalt gerade an diesem Tage einen thatsächlichen Ausdruck zu geben, ein Stipendium für dürftige Gymnasiasten gestiftet und ließen dasselbe durch Herrn Kaufmann E. Mohr aus Amsterdam überreichen, der zugleich in einer längeren Rede ausführte, von wie hohem Werthe solche Beneficien für die sittliche und geistige Entwicklung eines Volkes seien, worauf der Herr Landrath Agricola mit den herzlichsten Dankesworten erwiderte. Möge Gottes Segen auf dieser Stiftung ruhen, möge sie bestehen für ewige Zeiten, ein unvergängliches Denkmal der Pietät den kommenden Geschlechtern!*

---

* Das Statut der Stiftung ist pag. 48 abgedruckt.

Um 3 Uhr begann das gemeinsame Festmahl, das gleichfalls in der schönsten, gehobensten Stimmung verlief. Gegen Abend wurde die Versammlung noch durch ein prachtvolles Feuerwerk von Seiten des hiesigen Kurvereins überrascht, eine Freundlichkeit, durch die der Vorsitzende desselben, Herr Badehausbesitzer Bogen, die Anstalt zu besonderem Danke verpflichtet hat. Den Schluß der Feier machte ein Festball, wie das auch im Jahre 1819 geschehen war.

Von den eingegangenen Festschriften erwähne ich zunächst den Glückwunsch der lieben Herforder Collegen, eine lateinische Votivtafel folgenden Inhalts:

Q. B. F. F. Q. S. Illustri gymnasio crucensoensi, litterarum liberalium artiumque bonarum sedi celeberrimae, plurimorum discipulorum optime educandorum et liberaliter instituendorum almo illi parenti, quod inter Germaniae gymnasia propter multa et egregia merita principem obtinuit locum, quod jam tempore sacrorum emendatorum floruit, tum per saecula Dei O. M. gratia conservatum per rerum vicissitudines temporumque turbas multis gravibusq. discriminibus libertate patriae hostilibus armis oppressa jactatum est, post Rheno nostro in libertatem vindicato cum Navae accolae in societatem regni Borussici recepti essent, ante hos L annos liberalitate regis clementissimi Frid. Guilelmi III. recens fundatum doctrinae studia atque humanitatis alere nunquam desiit, quod cum rectorum Eilersii, Hofmeisteri, Axtii vivorum sagacissimorum studiis in dies crevisset, nunc tutelae traditum est Gust. Wulferti viri humanissimi, quem ante hos quinque annos nostrae scholae rectorem nunquam desistemus nostrum vocare, gymnasio igitur illi nobiscum affinitatis quasi vinculis consociato Guilelmi I. regis sapientissimi fortissimi augustissimi clarissimi alterius quasi Germaniae conditoris auspiciis dies festos initio mensis Septembris anni MDCCCLXIX solemniter acturo hanc laetorum dierum celebritatem congratulatum ac perpetuum florem crescentemque in dies vigorem precatum hanc tabulam venerabundi piique animi esse testimonium volunt

Rector et doctores gymnasii Herfordensis   Bode Hölscher Knoche Märker Meier Möser Berndt Lohmeyer Geisenheyner.

Ferner überreichten der russische Staatsrath Herr v. Walter aus Petersburg und Herr Pfarrer Trapp in Neunkirchen eine Sammlung ihrer Gedichte; ersterer erfreute die Versammlung außerdem durch eine eigens für das Jubiläum verfaßte Elegie mit deutscher Uebersetzung.

So verlief das Fest, reich an frohen und dankbaren Erinnerungen an die Vergangenheit; wer hätte es damals gedacht, daß wir binnen Jahresfrist einen blutigen Krieg, vielleicht eine feindliche Invasion haben würden! aber wir blicken mit unerschütterlicher Zuversicht in die Zukunft. Gott wird der gerechten Sache den Sieg verleihen.

Geschrieben am 16. Juli 1870.

Bericht
über das Schuljahr von Herbst 1869 bis dahin 1870.

I. Lehrverfassung.

A. Durchgenommene Lehrgegenstände.

PRIMA. Ordinarius Professor Dr. Steiner.

Religion: a. Evangelisch. Erklärung der Augsburgischen Confession. 2 St. Director.
b. Katholisch: Die Lehre von der Kirche. Kirchengeschichte von Christus bis zur Kirchenspaltung. Wiederholung der Lehre von der Rechtfertigung des Menschen nach Martins Religionshandbuch. 2 St. Schreiber.

Deutsch: Uebersicht der älteren deutschen Literaturgeschichte. Metrik. Theorie des Stils. Dispositionslehre. 2 St. Director.

Latein. a. Prosa und Grammatik. Cicero de Oratore lib. I. und Tacit. Agricola, theils deutsch, theils lat. erklärt. Privatlectüre aus Cic. und Tac., durch lateinisch geschriebene und vom Lehrer verbesserte Auszüge belegt. Wiederholte Einübung der drei ersten Curse aus Steiner's Memorirbuche. 7 Aufsätze nebst wöchentlichen Extemporalien und Exercitien, nach Süpfle. Zu Sprechübungen wurde vorzugsweise Cornel in der Art benutzt, dass die eine Hälfte der Classe in lateinischer Sprache z. B. das Leben des Miltiades, die andere das des Themistocles erzählte, und sie dann diese Männer gegen einander verglichen; oder die Einen sprachen für, die Anderen gegen den Alcibiades. 6 St. Steiner.

b. Poesie. Horazens Oden, Epoden und Episteln mit Auswahl. Memorirt wurden mehrere Gedichte, zugleich als Einübung der Metra. 2 St. Steiner.

Griechisch. a. Prosa und Grammatik. Thucyd. lib. II. Cursorisch Abschnitte aus den vier ersten Büchern von Xenoph. Cyrop. 2 St. Grammatik nach Buttmann § 139—151 nebst Repetition einzelner Partieen aus der Formenlehre. Extemporalien. Alle 14 Tage ein häusliches Exercitium. 1 St. Wassmuth.

b. Poesie. Hom. Ilias lib. 12. 13. 14. 16. 17. Sophocl. Ajax, erste Hälfte. 3 St. Director.

Französisch. a. Lectüre. L'expédition en Crimée, par Bazancourt (Goebel vol. XII) erste Hälfte. Retrovertirübungen und Memoriren mehrerer wichtigen Abschnitte aus dem 1. Buche. Einiges über die ersten Jahrhunderte der franz. Literatur.
b. Grammatik. Die 3 letzten Kapitel der Syntax, nach Knebel. Wiederholung der früheren. Extemporalien. Alle 14 Tage ein Exercitium. 2 St. Oré.

Hebräisch. a. Lectüre. Lesebuch von Brückner S. 72—95; 160—170 und mehrere Psalmen. Exod. 20, 1—17; Num. 6, 22—27 und einige Psalmen sind auswendig gelernt.
b. Grammatik. Einübung resp. Wiederholung der Formenlehre, einzelner Hauptstellen aus der Syntax, nach Gesenius; schriftliche Uebungen in der Analyse. 2 St. Waßmuth.

Geschichte und Geographie. Deutsche (resp. europäische) Geschichte bis 1556. Wiederholung der griechischen und römischen und der brandenburgisch-preußischen Geschichte. Geographie von Westeuropa. 3 St. Möhring.

Mathematik. Trigonometrie. Stereometrie. Planimetrische, trigonometrische und stereometrische Aufgaben. Gleichungen des II. Grades mit mehreren Unbekannten. Arithmetische und geometrische Reihen. Combinationslehre mit Anwendung auf Wahrscheinlichkeitsrechnung. 4 St. Milner.

Physik. Optik und Wärmelehre. 2 St. Milner.

Gesang. Einübung vierstimmiger Gesänge. 2 St. Kauffmann.

Zeichnen. Nach ausgeführten Vorlagen wurden Köpfe, Landschaften und Theile von Architekturen gezeichnet. 2 St. Kauffmann.

SECUNDA. Ordinarius Professor Wassmuth.

Religion. a. Evangelisch. Das Evangelium Lucä griechisch gelesen. Uebersicht des Lebens Jesu und des Reformationszeitalters nach Hollenberg (§ 47—82; 125—134). Schriftstellen und Gesangbuchslieder, sowie die beiden ersten Hauptstücke des Lutherischen Katechismus nebst einzelnen Stellen aus dem Heidelberger Katechismus durchgenommen und memorirt. 2 St. Waßmuth.
b. Katholisch. Combinirt mit Prima.

Deutsch. Wiederholung der in Tertia gelernten Gedichte; dazu gelernt die Glocke und der Spaziergang. Gelesen wurde Schillers Wallenstein. Freie Vorträge. Aufsätze. 2 St. Möhring.

Latein. a. Prosa und Grammatik. Liv. lib. XXII. Ciceron. oratt. Catilinariae. Sallust. Catilina und bellum Jugurthinum. Einübung des 3. Cursus von Steiners Memorirbuch. Grammatik nach Zumpt (hauptsächlich Cap. 69—76; 81—84). Wöchentlich ein häusliches Exercitium und Uebungen im mündlichen Uebersetzen ins Lateinische, nach Süpfle. 7 St. Waßmuth.

b. Poesie. Virgil. Aen. lib. VIII. u. IX. Privatim wurde gelesen I. II. 2 St. Möhring.
Griechisch. a. Prosa und Grammatik. Herodot von lib. VI, 94 an, wöchentlich ungefähr 5 Capitel. Buttmanns Syntax von § 134 ab durchgenommen und durch Extemporalien einge= übt. Alle 14 Tage ein Exercitium. 4 St. Steiner.
b. Poesie. Hom Odyss. lib. 9—14. 2 St. Director.
Französisch. a. Lectüre. Histoire d'Aladdin, par Galland, chap. XI—XV (Goebel vol. VI). Théodose le Grand, par Fléchier, liv. I (Goebel vol. 1). Retrovertirübungen.
b. Grammatik. Die vier ersten Kapitel der Syntax, nach Knebel. Wiederholung der verbes irréguliers. Extemporalien. Alle 14 Tage ein Exercitium. 2 St. Oré.
Hebräisch. a. Lectüre. Lesebuch von Brückner, Curs. I, und aus Curs. II. Exod. I—III incl, XX; Iud. IX und XI.
b. Grammatik. Formenlehre nach Gesenius. Uebungen im Schreiben und Analysiren. 2 St. Oré.
Geschichte und Geographie. Geschichte der orientalischen Völker und der Griechen. Geographie von Amerika. 3 St. Möhring.
Mathematik. Pythagoräischer Lehrsatz. Proportionalität der Linien. Aehnlichkeit und Flächen= inhalt geradliniger Figuren. Die regulären Bielecke und die Kreismessung. Planimetrische Auf= gaben. Potenzen, Wurzeln und Logarithmen. Gleichungen des I. Grades mit mehreren, des II. Grades mit einer Unbekannten. Arithmetische und geometrische Progressionen. 4 St. Milner.
Gesang. Comb. mit Prima.
Zeichnen. Comb. mit Prima.

TERTIA. Ordinarius Oberlehrer Möhring.

Religion. a. Evangelisch. Abschnitte aus den 5 Büchern Mose, dem Buche Josua und dem Buche der Richter, das Evangelium Lucä und einige Psalmen gelesen. Die 2 ersten Haupt= stücke des Lutherischen Katechismus, sowie einige Fragen des Heidelberger Katechismus eingeübt und erklärt. Kurze Uebersicht über das Reformationszeitalter nach Hollenberg. Bibelstellen und Gesangbuchslieder memorirt. Uebersicht über das christliche Kirchenjahr. 2 St. Waßmuth.
b. Katholisch. Die Lehre von Gott, seinem Dasein und Eigenschaften nach Martin. Die Glaubenslehre I—X. Glaubensartikel nach dem Diöcesankatechismus. Kirchengeschichte I. Periode. 2 St. Schreiber.
Deutsch. Memoriren von Gedichten. Lectüre aus dem Lesebuch von Hopf und Paulsiek. Alle 4 Wochen ein Aufsatz. 3 St. Möhring.
Latein. a. Prosa und Grammatik. Gelesen wurde: Caesar de bello Gallico ll. II, VI, VII. 4 St. Mehrfache Wiederholung des grammatischen Kursus der Quarta; durchgenommen

wurde die zweite Hälfte der Syntax nach Siberti § 548—790. Mündliches und schriftliches Uebersetzen aus Tronkes Uebungsbuch. Extemporalien. Wöchentlich ein Exercitium. 4 St. **Möbring.**
    b. **Poesie.** Ovids Metamorphosen Buch I—VI mit Answahl nach Siebelis. Einiges memorirt. 2 St. **Hofmann.**
Griechisch. a. **Prosa und Grammatik.** Xenoph. Anabasis von lib. III bis IV, 6. Die wichtigsten unregelmäßigen Verba gelernt, die regelmäßige Formenlehre nach Buttmann wiederholt und durch Extemporalien eingeübt. Alle 14 Tage ein Exercitium. 4 St. **Steiner.**
    b. **Poesie.** Hom. Odyss. lib. 4, 5, 6. Einiges aus der Od. memorirt. 2 St. **Steiner.**
Französisch. Die unregelmäßigen Zeitwörter nebst mündlichen und schriftlichen Uebersetzungen nach Plötz, Schulgrammatik (Lect. 1 bis 28). Alle 14 Tage ein Exercitium. 2 St. **Milner.**
Geschichte und Geographie. Deutsche Geschichte mit besonderer Berücksichtigung der Geschichte des preußischen Staates. 3 St. **Hofmann.**
Mathematik. Die leichteren Sätze aus der Kreislehre. Sätze über das Trapez. Die merkwürdigen Punkte im Dreieck. Sätze über die Gleichheit von Parallelogrammen und Dreiecken. Einfache planimetrische Aufgaben. Anfangsgründe der Buchstabenrechnung. Decimalbrüche. Potenzen mit ganzen Exponenten und Quadratwurzeln. Gleichungen des I. Grades. 3 St. **Milner.**
Gesang. Einübung vierstimmiger Lieder. 1 St. **Kauffmann.**
Zeichnen. 2 St. **Kauffmann.**

QUARTA. Ordinarius Gymnasiallehrer Oxé.

Religion. a. **Evangelisch.** Wie in Tertia. 2 St. **Waßmuth.**
    b. **Katholisch.** Comb. mit Tertia.
Deutsch. Lectüre aus dem Lesebuche von Hopf und Paulsiek. Wiedererzählen des Gelesenen. Memoriren von Gedichten. Alle 3 Wochen ein Aufsatz. 2 St. **Oré.**
Latein. a. **Lectüre.** Corn. Nep. VIII—XVII incl. Einzelne Kap. memorirt. 4 St.
    b. **Grammatik.** Wiederholung der Formenlehre. Casuslehre nach Siberti. Mündliche und schriftl. Uebersetzungen aus Tronke. Memoriren von Sätzen aus Steiner, von Vocabeln aus Meiring. Extemporalien. Wöchentlich ein Exercitium. 6 St. **Oré.**
Griechisch. Regelmäßige Formenlehre bis zu den Verba auf μι excl., nach Buttmann. Mündliche und schriftliche Uebersetzungen aus der Chrestomathie von Felbbausch und Süpfle bis § 110. Wöchentlich ein Exercitium. Extemporalien. 6 St. **Hofmann.**
Französisch. Nach Plötz, Elementargrammatik der franz. Spr. Zweiter Theil. (Cursus von Quarta) Lect. 61 bis zu Ende. Alle 14 Tage ein Exercitium. 2 St. **Liep.**
Geschichte und Geographie. Griechische und römische Geschichte und Geographie. Geographie von Asien, Afrika, Amerika, Australien. Kartenzeichnen. 3 St. **Liep.**

Mathematik. Anfangsgründe der Planimetrie bis zur Lehre von den Parallelogrammen. Wiederholung der Bruchrechnung. Vertheilungs-, Gesellschafts- und Zinsrechnung. Anwendung der Procentrechnung auf Gewinn und Verlust, Tara und Rabatt. Mischungsrechnung. 3 St. Milner.
Gesang. Comb. mit Tertia.
Zeichnen. 2 St. Kauffmann.

QUINTA. Ordinarius Gymnasiallehrer Dr. Liep.

Religion. a. Evangelisch. Biblische Geschichte nach Zahn. Die beiden ersten Hauptstücke des Lutherischen Katechismus, sowie einige Fragen aus dem Heidelberger Katechismus durchgenommen und gelernt, mit Benutzung des Evangelischen Katechismus der Rheinischen Provinzial-Synode. Uebersicht über das christliche Kirchenjahr. Bibelstellen und Gesangbuchslieder memorirt. 3 St. Baßmuth.

    b. Katholisch. Die Lehre von den Sacramenten nach dem Diözesankatechismus. Die Geschichte des neuen Testamentes nach Schuhmacher. Erklärung des Kirchenjahrs. 2 St. Schreiber.

Deutsch. Lectüre aus dem Lesebuch von Hopf und Paulsiek. Satzlehre. Memoriren von Gedichten. Alle 14 Tage eine schriftliche Uebung. 2 St. Liep.

Latein. a. Wiederholung der regelmäßigen Formenlehre und Einübung der Unregelmäßigkeiten in derselben, besonders der unregelmäßigen Verba nach Siberti.
    b. Mündliches und schriftliches Uebersetzen nach Spieß, Uebungsbuch für Quinta. Vokabellernen aus Meiring's Vocabularium. Wöchentlich ein Exercitium, monatlich auch Extemporalien. 10 St. Liep.

Französisch. Nach dem „methodischen Elementarbuche" von Plötz. Erster Theil. (Cursus für Quinta) Lect. 1—60. Alle 14 Tage ein Exercitium. 3 St. Liep.

Geographie. Die Grundlehren der Geographie. Uebersicht von Europa. Geographie von Deutschland. Kartenzeichnen. 2 St. Liep.

Arithmetik. Bruchrechnung. Regeldetri mit Brüchen. Zinsrechnung. 3 St. Milner.

Gesang. Einübung zweistimmiger Lieder. 2 St. Kauffmann.

Schönschreiben. Nach Vorschriften. 2 St. Lange.

Zeichnen. 2 St. Kauffmann.

SEXTA. Ordinarius Gymnasiallehrer Dr. Hofmann.

Religion. a. Evangelisch. Combin. mit Quinta.
    b. Katholisch. Combin. mit Quinta.

Deutsch. Lesen und Wiedererzählen aus dem Lesebuch von Hopf und Paulsiek. Memoriren von Gedichten. Alle 14 Tage ein Dictat. Wöchentlich orthographische Uebungen. Lehre vom einfachen Satz. 2 St. Hofmann.

Latein. Regelmäßige Formenlehre nach Siberti. Mündliche und schriftliche Uebersetzungen. Vocabellernen und Retroversion nach Spieß. Wöchentlich ein häusliches Exercitium. Extemporalien. 10 St. Hofmann.
Geographie. Europa; Deutschland, insbesondere die Staaten des Norddeutschen Bundes. 2 St. Oré.
Rechnen. Die vier Species in ganzen benannten und unbenannten Zahlen. 4 St. Wallauer.
Naturgeschichte. Im Winter: Vögel, nach Schilling's Zoologie. 2 St. Oré.
Gesang. Comb. mit Quinta.
Schönschreiben. Nach Vorschriften. 3 St. Lange.
Zeichnen. 2 St. Kauffmann.

An dem Zeichenunterrichte nahmen Theil: 4 Primaner, 11 Secundaner, 33 Tertianer.
Gymnastische Uebungen. Den Turnunterricht ertheilte während des Sommers Gymnasiallehrer Oré in 3 wöchentlichen Stunden. Die Exercierübungen leitete Herr Römer, Kreisfeldwebel, 1 St. wöchentlich.
Schwimmschule. Die Schwimmschule unter Aufsicht des Curatoriums, bestehend aus den Herren Apotheker Bolstorf, Dir. Wulfert u. Gymnasiallehrer Oré, wurde von 112 Schülern besucht.

Vorschule: Lehrer Wallauer.

Religion. a. Evangelisch. Ausgewählte biblische Geschichten. Lieder. Liederverse. Gebete. 2 St.
b. Katholisch. Gebete. Gebote. Lehre von Gott. Ausgewählte Erzählungen aus dem alten und neuen Testamente nach Schuhmachers biblischer Geschichte. 2 St. Schreiber.
Deutsch. 2. Abth. Leseübungen nach Haesters Fibel. 1. Abth. Lesebuch von Paulsiek. Schreibübungen. Ausgewählte Gedichte. 12 St.
Rechnen. 2. Abth. Addiren und Subtrahiren unter 100. Das Einmaleins. 1. Abth. Die 4 Species in benannten und unbenannten ganzen Zahlen. 6 St.
Geographie. Heimathskunde. 2 St.
Gesang. Volkslieder. 2 St.
Turnen. Freie Uebungen und Spiele. 2 St.

Die Themata zu den schriftlichen Arbeiten waren:
A.
Deutsch in Prima.
1. a. Charakterschilderung des Achilles. b. Welche Vorzüge hat der Gebirgsbewohner vor dem Bewohner des flachen Landes? 2. Warum ist kein deutscher Fluß gleich dem Rheine gefriert wor-

ben. 3. a. Charakterschilderung Hermanns in Göthes Hermann und Dorothea. b. Das Glück eine Klippe, das Unglück eine Schule. 4. a. Wie erklärt sich das Motto ver Göthes italienischer Reise: „Auch ich in Arkadien?" b. Vergleichung des peloponnesischen und dreißigjährigen Krieges. 1. In wie fern kann man das Leben eine Schule nennen? (Klausurarbeit). 6. Mit welchem Rechte nennt man den Befreiungskrieg von 1813 einen heiligen Krieg? 7. Wie erklärt Lessing die Thatsache, daß Laokoon, in oer berühmten Gruppe, nicht schreit?

Freie Vorträge wurden über folgende Themata gehalten: 1. Einmal ist keinmal. 2. Beata solitudo, sola beatitudo. 3. Wer ist dumm? 4. Geht die Ehre noch über das Leben? 5. Was ist langweilig? 6. In deiner Brust sind deines Schicksals Sterne. 7. Wenn du dich hängen willst, so suche dir einen hohen Baum. 8. Unterscheide Allegorie, Symbol und Emblem. 9. Was ist romantisch? 10. Allzu klug ist dumm.

Deutsch in Secunda.

1. a. Wie schildert uns Schiller die Bewohner der Urkantone? b. Die Schlacht bei Gunara und ihre nächsten Folgen (nach Xenophon). 2. a. Näher gerückt ist der Mensch an den Menschen. Enger wird um ihn, Reger erwacht, es umwälzt rascher sich in ihm die Welt (Spaziergang). b. Der Abfall Capuas. (Nach Livius XXIII). 3. Geographisch: Schilderung von Palästina, Aegypten, den Tigris- und Euphratländern (zur Auswahl). 4. Gedankengang und Erklärung des Prologs zum Wallenstein. 5. Poetische oder prosaische Uebertragung einer Stelle der Aeneis (es wurde eine Anzahl Stellen des achten Buchs zur Auswahl gegeben). 6. a. Wie kommt es, daß bedeutende Männer meist richtiger von der Nachwelt, als von der Mitwelt gewürdigt werden? b. Gang der Handlung in den Piccolomini. 7. a. Vergleichung der lykurgischen und der solonischen Gesetzgebung. b. Die lykurgische Gesetzgebung — die solonische (zur Auswahl).

B.
Latein in Prima.

1. De nobilissimis Persarum regibus breviter exponitur. 2. Caesarem cognomine Magni digniorem fuisse quam Pompeium. 3. De Pisistrato eiusque filiis disseritur. 4. De Thebanorum principatu Epaminonda et Pelopida ducibus. 5. Quibus potissimum rebus factum sit, ut Graeci vel maxime dispersi communem quendam unius gentis sensum animumque conservarent. 6. Explicetur atque illustretur Oweni illud: Pro patria sit dulce mori licet atque decorum, Vivere pro patria dulcius esse puto. 7. Funestum fuisse Romanis diem Alliensem, funestiorem Graecis diem Chaeronensem.

B. Vertheilung der Lehrstunden unter die Lehrer.

Lehrer.	Prima.	Secunda.	Tertia.	Quarta.	Quinta.	Sexta.	Zahl der Lectionen sämmtl. Lehrern.
1. Dr. H. A. G. Buliert, Director.	Religion 2 St. Deutsch 3 St. Griechisch 3 St.	Griechisch 2 St. Latein 1 St.	Latein 1 St.				12 St.
2. Professor Dr. J. C. W. Steiner, erster Oberlehrer, Ordinarius v. I.	Latein 8 St.	Griechisch 4 St.	Griechisch 6 St.				18 St.
3. Professor C. J. Wahmuth, 2. Oberlehrer, Ordinarius von II.	Griechisch 3 St. Hebräisch 2 St.	Religion 2 St. Latein 7 St.	Religion 2 St.	Religion comb. mit III.	Religion 3 St.	Religion comb. mit V.	19 St.
4. Dr. J. Fr. G. Dellmann, 3. Oberlehrer.	Physik 2 St.		Gesang 1 St. Naturgesch. 2 St.	Gesang 1 St. comb. mit III.	Gesang 2 St. Naturg. 2 St. Schreiben 2 St.	Gesang comb. m. V. Naturg. 2 St. Geogr. 2 St. Schreiben 3 St. Rechnen 4 St.	22 St.
5. W. Möhring, 1. ordentl. Lehrer und Oberlehrer, Ordin. von III.	Geschichte 3 St.	Teutsch 2 St. Geschichte 3 St. Virgil 2 St.	Latein 7 St. Teutsch 2 St.				19 St.
6. C. E. L. Oré, 2. ord. Lehrer, Ordin. von IV.	Franz. 2 St.	Franz. 2 St. Hebr. 2 St.		Lat. 10 St. Deutsch 2 St.			18 St. Auch leitet er die Turnübungen.
7. Dr. E. Milner, 3. ord. Lehrer.	Math. 4 St.	Math. 4 St. Phys. 1 St.	Math. 3 St. Franz. 2 St.	Math. 3 St.	Arith. 3 St.		20 St.

Lehrer.	Prima.	Secunda.	Tertia.	Quarta.	Quinta.	Sexta.	Zahl der Lectionen jd. Lehrers
8. Dr. G. Fr. W. Liep, 4. ord. Lehrer, Ordin. von V.				Franz. 2 St. Geschichte u. Franz. 3 St. Geographie 3 St.	Latein 10 St. Deutsch 2 St. Geogr. 2 St.		22 St.
9. Dr. G. Hefmann, 5. ord. Lehrer, Ordin. von VI.			Ovid 2 St. Geschichte u. Geographie 3 St.	Griechisch 6 St.		Latein 10 St. Deutsch 2 St.	23 St.
10. Kaplan Schreiber, kath. Religionslehrer.	Religion 2 St.	Religion comb. mit I.	Religion 2 St.	Religion comb. m. III.	Religion 2 St.	Religion comb. m. V.	6 St.
11. C. M. Kauffmann.	Gesang 2 St. Zeichnen 2 St.	Gesang comb. mit I. Zeichnen comb. mit I.	Zeichnen 2 St.	Zeichnen 2 St	Zeichnen 2 St.	Zeichnen 2 St.	12 St.
12. J. F. Walauer, Lehrer der Vorschule.							26 St.

Während des Sommer-Semesters wurden die Lehrstunden des Oberlehrers Dellmann von den übrigen Lehrern vertreten.
Den katholischen Religionsunterricht in der Vorschule ertheilt Kaplan Schreiber.

C. Vertheilung der Lehrgegenstände nach den Classen.

Nro.	Lehrgegenstände.	Classen.					
		I.	II.	III	IV.	V.	VI.
1.	Deutsch	3	2	2	2	2	2
2.	Lateinisch	8	10	10	10	10	10
3.	Griechisch	6	6	6	6	—	—
4.	Hebräisch	2	2	—	—	—	—
5.	Französisch	2	2	2	2	3	—
6.	Religion	2	2	2	2	3	3
7.	Mathematik	4	4	3	3	—	—
8.	Rechnen	—	—	—	—	3	4
9.	Physik und Naturwissenschaften	2	1	2	—	2	2
10.	Geschichte und Geographie	3	3	3	3	2	2
11.	Schönschreiben	—	—	—	—	2	3
12.	Zeichnen	2	2	2	2	2	2
13.	Singen	2	2	1	1	2	2
	Summa	36	36	33	31	31	30

II. Auszüge aus den Verordnungen der vorgesetzten Königlichen Behörde.

1. Verfügung vom 4. November 1869 ordnet einen Bußtag auf den 10. Nov. an, an welchem den evang. Lehrern und Schülern Freiheit zum Besuche des Gottesdienstes gewährt werden soll.

2. Verfügung vom 2. December 1869 theilt mit, daß der Dr. Carl Lange aus Worms dem hiesigen Gymnasium als probandus überwiesen worden sei.

3. Verfügung vom 31. December 1869 enthält das Regulativ über die geschäftliche Behandlung der Postsendungen in Staatsdienst-Angelegenheiten.

4. Verfügung vom 31. December 1869 theilt mit, daß die über die Zurückstellung und event. Befreiung der Theologen vom Militärdienste getroffenen Bestimmungen (26. März 1868) vom 1. Jan. 1870 ab nur noch auf diejenigen Studirenden zur Anwendung gelangen dürfen, welche bereits vor dem gedachten Termine in das militärpflichtige Alter getreten sind.

5. Verfügung vom 24. Januar 1870 erinnert daran, daß es den Abiturienten nicht gestattet ist, bei der französischen Arbeit ein Lexicon zu gebrauchen.

6. Verfügung vom 19. Februar 1870 bestimmt, daß der Cursus der Tertia auf 2 Jahre ausgedehnt, und wo es die Mittel der Anstalt zulassen, eine gesonderte Unter- und Ober-Tertia gebildet werden soll.

7. Verfügung vom 28. Februar 1870 fordert einen Bericht über die Seitens der Schulen zum Schutze der Gesundheit zu treffenden Maßregeln.

8. Verfügung vom 30. März 1870 genehmigt das Gesuch des Oberlehrers Dr. Dellmann, mit dem 1. Mai in den Ruhestand versetzt zu werden.

9. Verfügung vom 21. Mai 1870 theilt mit, daß in Folge der Pensionirung des Oberlehrers Dellmann sämmtliche Collegen vom 1. ordentlichen Lehrer an um eine Stelle ascendiren.

10. Verfügung vom 27. Juni 1870 theilt mit, daß die vorgesetzte Behörde mit der Verweisung zweier Primaner und den dabei leitend gewesenen Grundsätzen durchaus einverstanden sei.

11. Verfügung vom 28. Juni 1870 enthält die Ernennung des Gymn.-Elementarlehrers und Cantors L. Geisenheyner zu Herford zum technischen Lehrer an hiesiger Anstalt.

12. Verfügung vom 1. Juli setzt die Herbstferien dahin fest, daß der Unterricht am 31. Aug. eingestellt wird und am 7. October wieder beginnt.

III. Chronik des Gymnasiums.

Das Hauptereigniß des verflossenen Jahres, die 50jährige Jubelfeier des Gymnasiums, ist schon oben besonders beschrieben worden, worauf hier zunächst hingewiesen wird.

Heute haben wir freilich noch viel mehr Ursache zu jubeln, daß wir vor den Schrecken des Krieges, die schon über unsern Häuptern hingen, in Gnaden bewahrt geblieben sind; denn was uns bevorstand, einer deutschen Schule am linken Rheinufer, das ist den Pfälzern am wenigsten verborgen, deren Gymnasien bei der Invasion von 1792 mit einem Schlage sämmtlich zu Grunde gerichtet wurden.

Von unsern Schülern sind 17 als Freiwillige in die Armee eingetreten (12 Primaner und 5 Secundaner); möge es ihnen vergönnt sein, in Paris mit einzuziehen, mögen sie glücklich und siegesgekrönt heimkehren aus Feindesland!

Der Schulunterricht wurde während des Krieges nur auf 5 Tage, vom 28. Juli bis zum 2. August, unterbrochen, wo 100 Mann vom Königin Augusta Regiment und 150 Mann vom 92. Regiment (Braunschweiger) wegen Ueberfüllung der Stadt mit Truppen in den Schulräumen untergebracht waren.

Der Geburtstag Sr. Maj. des Königs wurde in gewohnter Weise feierlich begangen. Der Director schilderte in seiner Festrede, anknüpfend an das Leben und die Verdienste des Freiherrn von Stein, die große Zeit von 1807—1813.

Am 14. Juni starb einer der ältesten und verdientesten Lehrer der Anstalt, Oberlehrer Dr. Dellmann, der schon zu Ostern auf seinen Wunsch in den Ruhestand versetzt worden war. Die Forschungen des verstorbenen Collegen auf dem Gebiete der Naturwissenschaft, besonders der Meteorologie, sind auch in weiteren Kreisen bekannt geworden; unter uns wird das Andenken an einen Mann in frischer Erinnerung fortleben, der mit seltener Hingebung seine Kräfte im Dienste der Wissenschaft und der Schule verzehrt hat. Kurz vor seinem Tode wurde demselben noch die Freude, seine treue und erfolgreiche 40jährige Amtsführung auch von Sr. Majestät dem Könige durch die Verleihung des rothen Adlerordens anerkannt zu sehen.

Am 18. und 19. Juli fand unter dem Vorsitze des Königlichen Landraths Agricola die Prüfung der diesjährigen Abiturienten statt, auf Grund deren 15 Primanern und einem Externen das Zeugniß der Reife zuerkannt wurde.

Das auf Anlaß des 50jährigen Jubiläums der Anstalt gegründete Stipendium kam in diesem Jahre wegen der Kriegsunruhen noch nicht zur Vertheilung.

Aus demselben Grunde mußte der Redeactus, sowie die öffentliche Prüfung diesmal ausfallen.

IV. Statistische Verhältnisse des Gymnasiums.
A. Frequenz der Schule.

	Die Schülerzahl betrug:						überhaupt	Darunter					Der Abgang während und bis zum Schluß des Semesters:							
								evangelische	katholische	jüdische Schüler	a. zur Universität	b. auf andere Lehranstalten	c. zu anderweitiger Bestimmung aus						überhaupt
im	I.	II.	III.	IV.	V.	VI.								I.	II.	III.	IV.	V.	VI.	
Winter 1869/70	28	37	44	53	42	47	251	186	52	13	—	6	—	2	3	5	1	—	—	17
Sommer 1870	28	35	41	48	42	46	240	180	49	11	15	8	4	12	1	1	1	1	—	43

Die Vorschule wurde im Laufe des Sommers von 49 Schülern besucht. Die Abgangstabelle für das Sommersemester umfaßt die bis zum Drucke des Programms bekannt gewordenen Abmeldungen.

Verzeichniß der Abiturienten.

Name	Confession	Geburtsort	Stand des Vaters	Alter Jahre	Schulzeit Jahre überhaupt	in I.	Studium	Universität
1. Wilhelm Fauß	evang.	Trarbach.	Gastwirth.	20	2	2	Jura.	Heidelberg.
2. Hermann Franz	"	"	Superintendent.	19	3	3	Philologie	Halle.
3. Rudolph Franz	"	"	"	18	2	2	"	"
4. Karl Jurd	"	Winzenheim.	Lehrer †	20	8	2	Theologie	"
5. August Geibel	"	Theodorshalle.	Verwalter.	19½	10	3	"	"
6. Friedrich Hubert	kathol.	Kreuznach.	Kreissecretär.	18	9	2	Jura.	Bonn.
7. Friedr. Kriegelstein	evang.	"	Badehausbesitzer.	19	8	2	"	Heidelberg
8. Wilhelm Linß	"	Griesheim.	Pfarrer	18½	4	2	Bautach.	"
9. Julius Schröber	"	Münster a. St.	Arzt	21	12	3	Militär.	Berlin.
10. August Steiner	"	Kreuznach.	Professor	17½	9	2	Philologie	Bonn.
11. Karl Viehl	"	Häffelsheim.	Landwirth	21	5	2	Theologie.	"
12. Karl Wahmuth	"	Saarbrücken.	Professor	19	10	2	Philologie	Berlin.
13. Friedrich Wägelein	"	Kreuznach.	Kaufmann	19	9	2	Medicin.	"
14. Heinrich Weber	kathol.	"	Badehausbesitzer.	19	9	2	"	Halle.
15. Emil Weißenbach	evang.	Bosenheim.	Pfarrer	17½	5	2	Philologie	Gießen.
16. Emil Beckmann (extern)	"	Barmen.	Graveur	26⅛	—	—	"	Bonn.

Die Themata zu den schriftlichen Arbeiten der Abiturienten waren:

1. Religion: a. Evangelisch: Welches sind die vornehmsten Glaubenslehren der Augsburgischen Confession?
b. Katholisch: Vorbereitung der Menschheit auf die Ankunft des Erlösers.
2. Latein: Ingratos saepe fuisse et Graecos et Romanos in cives de republica optime meritos.
3. Deutsch: An's Vaterland, an's theure, schließ dich an, das halte fest mit deinem ganzen Herzen, hier sind die starken Wurzeln deiner Kraft.
4. Mathematik: 1. Ein Dreieck zu construiren, von welchem der Umfang, ein Winkel und die zu ihm gehörige Höhe gegeben sind. 2. Die Grundfläche einer Pyramide ist ein Rechteck mit den Seiten $a = 13$ Fuß und $b = 9$ Fuß, während jede der Seitenkanten $c = 19$ Fuß lang ist. In welchem Abstande von der Spitze ist parallel der Grundfläche ein Schnitt zu legen, der die Pyramide in zwei inhaltsgleiche Stücke theilt? 3. Wie viel Jahre muß eine Rente von $r = 500$ Thlr. am Ende eines jeden Jahres ausgezahlt werden, wenn ihr baarer Werth $a = 10275{,}5$ Thlr. beträgt, und $p = 3\tfrac{3}{4}\%$ Zinsen berechnet werden? 4. Die Entfernung zweier unzugänglichen Punkte A und B soll aus folgenden Angaben bestimmt werden: Eine mit AB in derselben Ebene liegende Gerade CD ist 75 Ruthen lang, $\angle ACD = 94^{\circ}\,16'$, $\angle BCD = 34^{\circ}\,32'$, $\angle CDB = 118^{\circ}\,12'$, $\angle ADC = 53^{\circ}\,9'$.
5. Französisch: Gustave Vasa dans la Dalécarlie, par Daumont.
6. Hebräisch: 2. Sam. 1, 11—17.

B.
Sammlungen und Unterrichtsmittel.

1. Die Gymnasialbibliothek erhielt folgenden Zuwachs:

A. Geschenke:

a. Von den hohen Behörden: Rheinisches Museum für Philologie. Jahrg. 24. — Corpus Reformatorum. Vol. 36.
b. Zur Jubelfeier des Gymnasiums von Herrn Rektor Bach in Birkenfeld: Bruningo, gymnasii Crucenacensis rector: Compendium antiquitatum graecarum. Francofurti ad M. 1734; und von Herrn Pfarrer Trapp in Reutkirchen zwei Exemplare von dessen Dichterblüthen.
c. Von dem Herrn Verfasser Weintauff: Homerisches Handbuch für Gymnasien.
d. Von Herrn H. Scheyer: Fürst: Geschichte des Karäerthums. Auerbach: Deutsche Abende.
e. Vom Herrn Direktor Dr. Wulfert: Jahrbücher des Vereins von Alterthumsfreunden im Rheinlande. Heft 47. 48. — Peters: Die Burgkapelle zu Iben.

f. Von den vorigjährigen Abiturienten W. und O. Asmus: Seyffert: Scholae latinae. Kost und Düstemann: Anleitung zum Uebersetzen aus dem Deutschen in das Griechische.

g. Von den Verlagsbuchhandlungen: Kuhn: Das Metermaß in seiner Anwendung für Norddeutschland. — Büchsenschütz: Griechisches Lesebuch. — Hennings: Elementarbuch zu der lateinischen Grammatik von Ellendt-Seyffert. 2. Abth. Quinta. — Stier: Griechisches Elementarbuch. — Werner Hahn: Deutsche Literaturgeschichte in Tabellen. — Fölsing: Rechenbuch Th. I. II. — Born: Conjugationstabellen der griechischen unregelmäßigen Verba. — Schulz: Kleine lateinische Sprachlehre. — Schulz: Uebungsbuch zur lateinischen Sprachlehre.

B. Aus den Mitteln des Gymnasiums wurde angeschafft:

Johannes Trithemius. Eine Menographie von Silbernagel. — Jac. Steiners Vorlesungen über synthetische Geometrie. Th. 1. Die Theorie der Kegelschnitte. — Burbach: Physikalische Aufgaben. — Wiese: Das höhere Schulwesen in Preußen. II. — K. F. Hermann: Lehrbuch der griechischen Privatalterthümer. — Beuthley: Eine Biographie von Mähly. — Ribbed: Des Horaz Epistlen und Buch von der Dichtkunst. — Tunder, M.: Geschichte des Alterthums. — Corssen: Ueber Aussprache, Vocalismus und Betonung der lateinischen Sprache. — Herbst: Des Horaz Oden und Epoden. — Schmid: Encyclopädie des gesammten Erziehungs- und Unterrichtswesens. — Heliand. Herausgegeben von Mor. Heyne. — Welcker: Kleine Schriften. — Buchern: Zur Schulbaufrage. — Fortsetzung des Rheinischen Alterthums. — Neue Jahrbücher für Philologie und Paedagogik. Bd. 101. 102. — Berliner Zeitschrift für das Gymnasialwesen 1870. — Zarucke: Literarisches Centralblatt. 1870.

2. Die Schülerbibliothek:

A. Geschente:

Bender, deutsche Geschichte. 4. Aufl. Essen bei Bädeker 1869. Vom Verleger. — E. Hellmath: Kaiser Joseph II. Prag. Kober 1862. Vom Abiturienten Otto Asmus. — G. A. v. Klöden: Leitfaden zum Unterrichte in der Geographie. 4. Aufl. Berlin. Weidmann 1870. Vom Verleger. — O. W. Günther: die deutsche Heldensage des Mittelalters. Hannover. Brandes 1870. Vom Verleger. — Franz Otto: Das Buch merkwürdiger Kinder. Leipzig. Spamer 1862. Vom Quintaner Ludwig Imhoff. — H. Kalb: Reisebilder für die Jugend. Mainz bei Schulz. Vom Tertianer Kühl. — H. J. Klein: An den Nordpol. Kreuznach bei Voigtländer. 1870. Vom Verleger. — E. Strahlheim: Die Geschichte unserer Zeit (1789—1830). Stuttgart bei Wolters 1826—30. 31 Bände. Von Herrn Gymnasiallehrer Dr. Milner. — G. Eckert: Hülfsbuch für den ersten Unterricht in der deutschen Geschichte. Mainz. Kunze's Nachfolger 1870. Vom Verleger. — Fiedler: Verskunst der lateinischen Sprache. 3. Aufl. Wesel 1858. Vom Abiturienten Wilhelm Asmus. — Krüger: Griechische Sprachlehre für Schulen. 4. Aufl. Berlin. Krüger 1862. 2. Theil.

Von demselben. — **Probst**: locutionum latinarum thesaurus. Köln 1864. Von demselben. — **Buttmann**: Lexilogus. I. 4. Aufl. 1665. II. 2. Aufl. 1860. Berlin Mylius. Von demselben.

B. Aus den Mitteln des Gymnasiums angeschafft:
Wilhelm Hopf: Ungewitter's neueste Erdbeschreibung und Staatenkunde. 5. Aufl. Dresden bei Dietze. 2 B. — H. **Thiersch**: Luther, Gustav Adolph, Maximilian I. Nördlingen bei Beck 1869. — Dr. **Baumeister**: Kulturbilder aus Griechenlands Religion und Kunst. 2. Ausg. Mainz bei Kunze 1869. — H. **Göll**: Das gelehrte Alterthum. Leipzig bei Spamer. 1870. — **Stichler**: Thiergeschichten aus alter und neuer Welt. Dresden bei Meinhold. — G. **Hesekiel**: Das Buch vom Grafen Bismark. Bielefeld und Leipzig bei Belhagen und Klasing 1869. — Fr. **Christmann**: Australien. Leipzig bei Spamer 1870. — G. **Conrad**: Dramatische Werke. Band 2. Bremen. Strad 1870. — Ad. **Heinze**: Sachgemäße, logisch entwickelte Dispositionsentwürfe. Leipzig bei Engelmann 1869.

3. Physikalisches Cabinet:
A. Geschenke: Ein electromagnetischer Inductionsapparat. Von Herrn Dr. Fouquet. — Eine größere Anzahl zum Theil selbstverfertigter Apparate. Von Herrn Oberlehrer Dr. Tellmann.
B. Durch Ankauf: Ein Schreibdiamant. — 18 Bilder zur Darstellung von Schwingungen. Von Quincke.

4. Naturhistorische Sammlungen:
Durch Ankauf: Die Nester und Eier der Vögel. Stuttgart bei Weise. — Darwin, Entstehung der Arten. — Darwin, Variiren der Thiere und Pflanzen.

Bekanntmachungen.

1. Das neue Schuljahr wird am Freitage, den 7. October beginnen und Tags zuvor am 6. October, von 9 Uhr an, die Prüfung der neu aufzunehmenden Schüler stattfinden.
2. Anmeldungen für das Gymnasium wie für die Vorschule wird der Unterzeichnete am 6. October in den Vormittagsstunden entgegennehmen.
3. Die Aufnahme-Prüfung für die Vorschule wird am 6. October, Donnerstag um 3 Uhr Nachmittags stattfinden.

Dr. **Wulfert**.